TRÉSOR

HÉRALDIQUE.

ALTIORA VINCIT

TRÉSOR
HÉRALDIQUE

D'APRÈS

d'Hozier, Ménétrier, Boisseau, etc.,

COMPRENANT :

1º La Clef du Blason et des Armoiries ; 2º Le Livre
d'Armes des Familles illustres de France ; 3º Le Recueil des Armoiries
des Villes et Provinces ;

Par A. de la PORTE,

Membre de plusieurs sociétés historiques et archéologiques,

Noblesse oblige.

PARIS   LEIPZIG

LIBRAIRIE DE P. LETHIELLEUX,   L. A. KITTLER, COMMISSIONNAIRE
RUE BONAPARTE, 60.   QUERSTRASSE. 34.

H. CASTERMAN
TOURNAI.
1861

AVERTISSEMENT.

————

La science héraldique prenait autrefois dans l'éducation une place tellement importante, que les femmes même étaient tenues de s'y appliquer ; au commencement du xviiie siècle il n'était pas un fils de famille ou une héritière de bonne maison qui ne connût dans ses détails non-seulement la biographie et la généalogie de ses ancêtres, mais l'histoire des alliances et des grandes actions de toutes les illustres familles du pays. L'art de déchiffrer et de blasonner toutes les armoiries, était vulgaire comme le prouvent irrécusablement

le nombre immense des livres qui à cette époque furent publiés sur cette matière.

Quand arriva la Révolution de 1789, une
réaction violente se fit dans le sens opposé.
La noblesse fut abolie, les titres disparu-
rent, les écussons effacés des portails des
châteaux n'osèrent plus paraître. Les enfants
oublièrent les blasons de leurs familles et la
science héraldique tomba dans le dédain :
mais ce mépris fut de courte durée comme
tout ce qui est violent et injuste.

Le penchant à récompenser les actions
d'éclat par des distinctions honorifiques, est
tellement dans la nature humaine, que l'empereur Napoléon Ier, à peine monté sur le
trône, s'empressa de créer une noblesse nouvelle pour remplacer celle qui avait péri sur
l'échafaud des terroristes, et décora de titres
et d'armoiries les généraux, les savants et les
administrateurs illustres de son règne. Cet
exemple suivi avec modération par ses suc-

cesseurs, nous a donné depuis cinquante ans un certain nombre de blasons illustres, parmi lesquels hier encore nous étions heureux d'inscrire ceux des vainqueurs de Magenta et de Palikao.

A mesure que les sciences historiques progressent, le goût de la science héraldique renaît et se répand; c'est là une mine de plus pour l'archéologue, c'est une nouvelle et importante branche de toute éducation complète.

A. DE LA PORTE.

DE

L'ORIGINE DES ARMOIRIES.

La plupart des auteurs qui ont écrit sur les armoiries en général n'en ont fait remonter l'origine jusqu'à l'antiquité la plus reculée, que parce qu'ils les ont confondues avec les images symboliques, qui dès les premiers temps furent employées dans les enseignes militaires des nations, et dans l'armure des guerriers. On convient aujourd'hui, qu'à les considérer précisément comme des marques héréditaires de noblesse et de dignité, l'usage n'en saurait être plus ancien que le XIe siècle.

Deux sentiments partagent les critiques sur la véritable origine des armoiries prises dans le sens que je viens de fixer. Les uns en rapportent l'institution aux tournois, où ceux qui se présentaient pour entrer en

lice prouvaient leur extraction par l'écu de leurs armes ; les autres prétendent qu'elles furent introduites
à l'occasion des croisades, où la différence des bannières servit à distinguer les chevaliers et à faciliter le
ralliement de leurs vassaux.

Ces deux sentiments ne diffèrent que par rapport à la
circonstance qui donna lieu à l'établissement dont je
parle et s'accordent à peu de chose près, quant au
temps qui le vit naître, puisqu'il résulte de l'un et de
l'autre qu'on ne doit pas en chercher le commencement avant le XIe siècle, dans le cours duquel on
trouve celui des tournois et celui des croisades.

Je sais que les écrivains qui attribuent à l'empereur
allemand Henri l'Oiseleur l'invention des tournois, la
placent vers le milieu du Xe siècle, mais André Faryn[1]
a prouvé solidement par les témoignages mêmes des
historiens étrangers qu'elle appartient à notre nation,
et que l'Allemagne l'a reçue de nous. Soit donc que
prenant à la lettre un passage de la chronique de
Tours, on regarde Geoffroy, seigneur de Preuilly, mort
en 1066, comme l'inventeur des tournois, *Gaufridus de
Pruliaco torncamenta invenit*, soit qu'expliquant ces
termes avec Ducange[2] par des autorités du même

---

[1] Théâtre d'honneur. C. X.   [2] Dissert. VI. sur Joinville.

temps, on fasse seulement honneur à Geoffroi d'avoir le premier dressé les lois de ces sortes de combats, il sera également certain qu'ils ne sont point connus dans l'histoire avant le XIe siècle.

Pour les croisades personne n'en ignore la date. La première fut publiée au concile de Clermont 1095.

Quoique le choix entre les deux opinions sur l'origine des armoiries puisse paraître assez indifférent en soi, je proposerai en deux mots ce que je pense. Je crois qu'il faut admettre ensemble les deux manières de voir, et que séparées elles ne peuvent nous donner complétement l'origine que nous cherchons : je m'explique.

L'usage des armoiries s'introduisit d'abord par les tournois, dont l'établissement a précédé de quelques années la première croisade. Il n'en faut point d'autre preuve que le sceau de Robert le Frison comte de Flandre cité par le père Ménétrier[1]. Robert y est représenté à cheval, tenant d'une main l'épée nue, et de l'autre son écu chargé d'un lion. Or, ce sceau est attaché à un acte de l'an 1072. Par conséquent antérieur de vingt-trois ans à la première croisade.

Mais les armoiries ne commencèrent pas dès lors à

---

[1] Origine des armoiries, p. 55.

être fixées « *bien que es tournois et batailles*, dit Henri d'Oultreman, *les chevaliers*[1] *se servissent de quelques figures dans leurs écus, n'est-ce que pour la plupart ils les changeaient à leur plaisir.* »

De plus, selon la remarque de Spelman, le droit d'avoir des armoiries fut restreint dans le commencement aux seuls gentilshommes qui avaient assisté à quelque tournoi. Les autres nobles ne participaient point à ce privilège. Il était réservé aux croisades d'en rendre l'usage plus général et la pratique plus invariable.

J'ajoute que ce fut aussi depuis les croisades qu'elles devinrent héréditaires. On conçoit aisément que les fils de ceux qui s'étaient approprié des symboles pour ces pieuses expéditions se firent un point de religion et d'honneur de transmettre à leurs descendants l'écu de leurs pères comme un monument de leur valeur et de leur piété.

Quant aux écussons des communautés religieuses ou séculières, telles que les chapitres, les paroisses, les diocèses, les ordres religieux, les monastères, les congrégations, les confréries, les universités, les académies, les compagnies et sociétés de commerce, leur usage

---

[1] Histoire de Valenciennes, Part. II. C. 3.

est plus ancien que le blason et ce n'est qu'improprement qu'on leur donne le nom d'armoiries.

La langue du blason est comparable aux hiéroglyphes de l'Egypte ancienne qu'on ne peut expliquer qu'à l'aide de termes spéciaux et d'une connaissance difficile : mais pour être mystérieuse, cette langue n'en est pas moins soumise à des règles invariables, fixées avec une sagacité surprenante par les anciens hérauts d'armes et constamment suivies par ceux qui leur ont succédé.

C'est dans l'intention d'expliquer nettement ces règles, de les exposer avec simplicité et méthode, et de les rendre accessibles à tous les esprits que j'ai entrepris ce manuel. Quelques paléographes auxquels je l'ai montré, m'ont félicité de mon travail, et l'ont trouvé propre à être mis entre les mains de la jeunesse. S'il pouvait contribuer à répandre parmi les écoliers le goût de ces études intéressantes je serais amplement récompensé de la peine que j'y ai prise.

L'ouvrage sera divisé en quatre parties : — Dans la première, j'exposerai les divisions de l'écu, les émaux dont on le couvre, les figures qu'on y représente, et les attributs de ces figures. — Dans la deuxième, je ferai connaître les pièces dont on entoure l'écu, les timbres dont on le couronne, les supports destinés à le soutenir, les devises, les ordres, et les ornements des dignités.

— La troisième, contiendra un index raisonné de tous les termes du blason ; — et la quatrième, le recueil des lois et des ordonnances sur les armoiries et les titres de noblesse depuis l'établissement du blason jusqu'à la révolution française.

Après la lecture attentive de ce livre, et l'étude raisonnée des figures qui l'accompagnent, il n'est pas un écolier qui ne soit à même de déchiffrer couramment les armes les plus compliquées, et de concevoir le dessin de celles qu'on énoncera devant lui.

LA CLEF

DU

BLASON ET DES ARMOIRIES.

LA

CLEF DU BLASON

ET DES ARMOIRIES.

PREMIÈRE PARTIE.

DE L'ÉCU.

L'écu qui en armoiries remplace le bouclier, la targe, et la rondache des anciens peut avoir différentes formes suivant les pays.

En France et en Belgique il est presque carré, un peu plus long que large, ses deux angles inférieurs sont

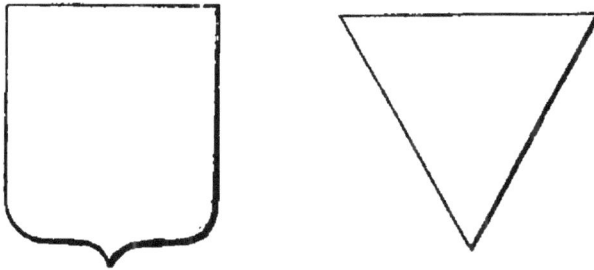

arrondis, et il se termine en pointe sur le milieu de sa base. Cette forme a remplacé l'écu triangulaire, qui n'est presque plus usité.

Les ecclésiastiques le portent généralement ovale.

Les filles le portent en losange.

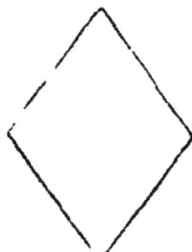

Les femmes portent l'écu de leur famille accolé à celui de leur mari, ou les deux armoiries sur un même écu divisé du haut en bas en deux parties égales, ou *parti*, comme on dit en blason.

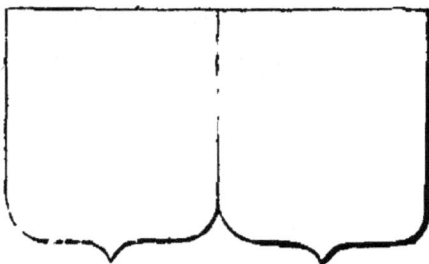

L'écu carré en forme de bannière est le propre des chevaliers bannerets de Poitou ou de Guyenne.

Les Allemands peignent leurs armes sur un écu de forme particulière, peu usitée en France, et qui porte le nom de cartouche.

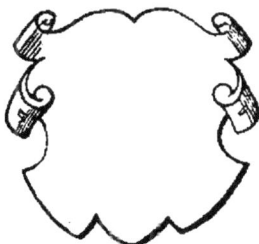

Les Espagnols forment leur écu d'un carré long, arrondi par le bas.

Les Italiens ont adopté de préférence l'ovale et les formes qui en dérivent.

L'écu des Anglais est semblable au nôtre.

Quand l'écu est blasonné, il devient la principale pièce des armoiries, parce que les peintures qui y sont représentées ne sont pas abandonnées au caprice des individus, ni même subordonnées à leurs charges et positions dans le monde : elles doivent être constamment les mêmes pour les mêmes familles, car elles font partie du titre même de la noblesse, et ne peuvent être modifiées que par une ordonnance du souverain.

La surface de l'écu porte le nom de *champ*. C'est sur ce champ, comme sur les feuillets d'un livre, que s'écrivent, en caractères uniformes et réguliers, ces hiéroglyphes de l'honneur, qu'on appelle les armoiries.

Pour bien connaître l'écu, il faut étudier successivement : — 1° les partitions, ou divisions ; — 2° les émaux, ou couleurs ; — 3° les figures, ou caractères ; — 4° les attributs des figures.

CHAPITRE I.

DES PARTITIONS, OU DIVISIONS DE L'ÉCU.

Lorsque le spectateur est en face de l'écu, la partie supérieure de cette image est le *chef* A, la partie inférieure la *pointe* B, le côté qui est à sa gauche en est le *flanc dextre* C, et celui qui est à la droite en est le *flanc senestre* D, (fig. 1).

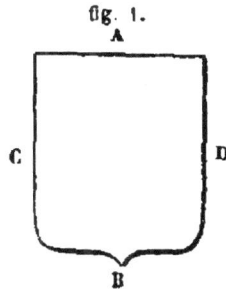

fig. 1.

Si maintenant on dispose sur le *champ*, les neuf premières lettres de l'alphabet comme dans la figure ci-contre (fig. 2), on aura soin de remarquer que D est le *canton dextre du chef;* B est le *point du chef;* E est le *canton senestre du chef;* F est le *flanc dextre;* A est le *centre de l'écu;* G est le *flanc senestre;* H est le *canton dextre de la pointe;* C la *pointe de l'écu;* I le *canton senestre de la pointe.*

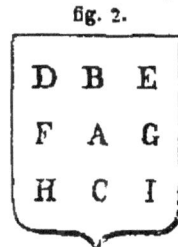

fig. 2.

Toute figure mise au point où est la lettre D, est dite placée au *canton dextre du chef*, et celle qui est en E, au *canton senestre*; celle qui est au point B se dit simplement *en chef*; celle qui est en F se dit au *flanc dextre de l'écu*; celle qui est en G au *flanc senestre*; celle qui est en A se dit *en abisme*; celle qui est en C *en pointe*; celle qui est en H au *canton dextre de la pointe*; et celle qui est en I au *canton senestre de la pointe*.

Trois figures disposées comme D, B, E, sont dites rangées *en chef*; si elles sont comme F, A, G, elles sont dites rangées *en fasce*; comme H, C, I, elles sont rangées *en pointe*.

Si elles sont comme B, A, C, elles sont dites rangées *en pal*; comme D, A, I, rangées *en bande*; comme E, A, H, rangées *en barre*; comme D, F, H, *en pal au flanc dextre*; comme E, G, I, *en pal au flanc senestre*; comme B, A, C, F, G, on les dit *en croix*; comme D, A, I, E, H, on les dit *en sautoir*; comme D, E, A, C, on les dit *en pairle*; comme D, B, E, G, I, C, H, F, elles sont dites mises *en orle*; comme H, B, I, mises *en chevron*.

Par d'autres procédés d'une simplicité égale, on peut du même écu faire divers champs, sur chacun desquels sont applicables les termes que nous venons d'expliquer. On se sert pour cela de quatre lignes, la ligne verticale, la ligne horizontale, la diagonale à droite et la diagonale à gauche, et les dessins que l'on obtient sont le parti, le coupé, le tranché, le taillé, l'écartelé, le tiercé, ou par la réunion des lignes, le parti, coupé, tranché, taillé, dans un même écu.

Le *parti* se fait par une ligne verticale qui divise l'écu en deux parties égales (fig. 3). Le *coupé* se fait par un trait horizontal qui divise aussi l'écu en deux parties égales (fig. 4). Le *tranché* se fait par un trait dia-

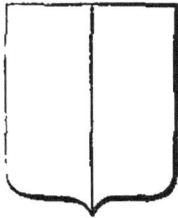  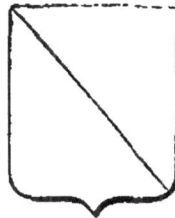

fig. 3. fig. 4. fig. 5.

gonal tiré de l'angle droit du chef de l'écu, à l'angle gauche de la pointe (fig. 5). Le *taillé* lui est opposé et se forme par une ligne diagonale de l'angle gauche du chef de l'écu, à l'angle droit de la pointe (fig. 6). L'*écartelé* se fait tantôt en *croix*, (fig. 7) par le parti et

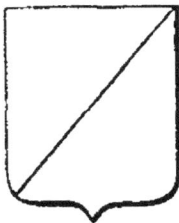 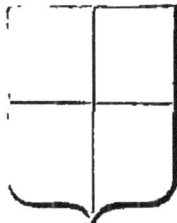 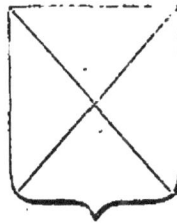 

fig. 6. fig. 7. fig. 8. fig. 9.

le coupé réunis, tantôt en *sautoir*, (fig. 8) par la réunion du taillé et du tranché. Le *tiercé* est formé par deux traits horizontaux qui partagent l'écu en trois parties égales (fig. 9).

On peut encore obtenir par d'autres combinaisons de ces lignes, des figures plus compliquées et plus rares, telles que le *gironné*, ou *parti coupé, tranché et taillé*, (fig. 10) qui divise l'écu en huit triangles ; le

fig. 10.   fig. 11.   fig. 12.

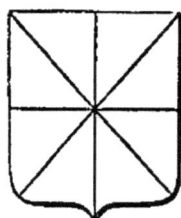 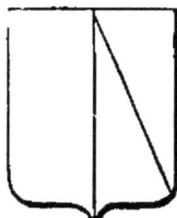 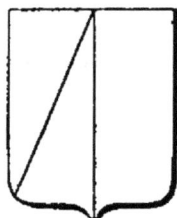

parti tranché (fig. 11) ; le *parti taillé* (fig. 12) ; le *parti tranché et taillé*, ou *chappé* (fig. 13), qui donnent trois et quatre divisions ; le parti de *deux coupé d'un* (fig. 14),

fig. 13.   fig. 14.   fig. 15.

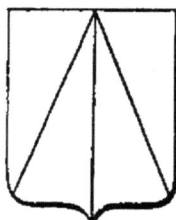 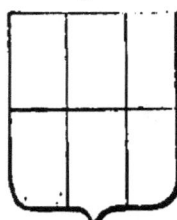 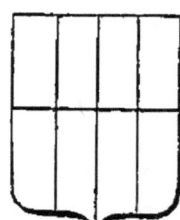

qui en donne six ; le *parti de trois coupé d'un* (fig. 15), qui en donne huit ; le *parti de deux coupé de deux* (fig. 16), qui en donne neuf ; le *parti de trois coupé de*

fig. 16.   fig. 17.   fig. 18.

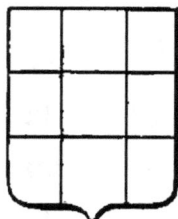 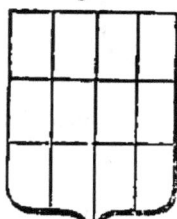 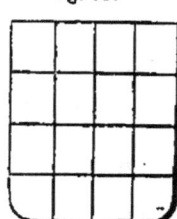

deux (fig. 17), qui en donne 12 ; le *parti de trois coupé de trois* (fig. 18), qui en donne seize, et que l'on nomme *sur écartelé*.

Il y a encore d'autres partitions qui ne divisent pas l'écu en parties égales, mais elles se rencontrent rarement, ce sont : l'*adextré*, le *sinistré*, le *sappé*, l'*emmanché*, l'*egrené*, le *lordé*, l'*enclavé*, (les figures en seront ailleurs).

Pour lire les divisions de l'écu on suit l'ordre suivant : (fig. 19) un, deux, trois; (fig. 20) un, deux, trois;

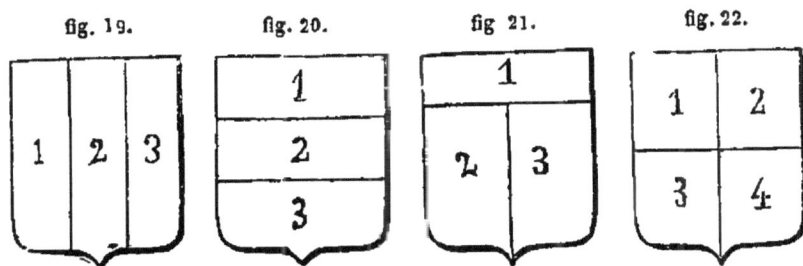

fig. 19.   fig. 20.   fig 21.   fig. 22.

(fig. 21) un, deux, trois; (fig. 22) un, deux, trois, quatre, et ainsi de gauche à droite pour les divisions plus compliquées en commençant par le chef pour finir en pointe.

CHAPITRE II.

DES ÉMAUX DE L'ÉCU.

Les émaux, ainsi nommés de la manière dont était fabriquée la plaque que portaient les hérauts et les poursuivants d'armes dans les tournois, sont au nombre de huit, savoir : deux métaux, l'*or* et l'*argent;* quatre couleurs, le *gueules,* le *sinople,* l'*azur* et le *sable;* et deux pannes ou fourrures, l'hermine et le vair.

L'or, représenté par la couleur jaune, ou par *un pointillé* sur l'écu, signifie, dit un vieil auteur, la foi, la justice, la tempérance, la charité, la clémence, qui sont vertus chrétiennes; la noblesse, richesse, générosité, splendeur, amour, pureté, qui sont qualités; des planètes le soleil, des jours le dimanche, des pierres la topaze, des fleurs le souci (fig. 23).

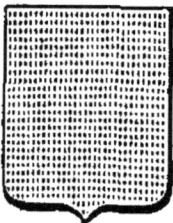

fig. 23.

L'argent, représenté par la couleur blanche, et par *l'absence de toute espèce de trait* ou de pointillé sur l'écu,

signifie espérance, vérité, innocence, continence, pureté de vie qui sont vertus chrétiennes ;

fig. 24.

la beauté, la gentillesse, la splendeur, la
franchise, qui sont qualités ; des planètes
la lune, des jours le lundi, des éléments
l'eau, des pierres la perle (fig. 24).

Le gueules, ou rouge vermillon représenté par le
haché en pal, signifie charité et justice

fig 25.

qui sont vertus chrétiennes ; vigilance,
hardiesse, qui sont qualités ; des planètes
mars, des jours le mardi, des éléments le
feu, des pierres le rubis (fig. 25).

L'azur ou bleu céleste, représenté par le *haché en*
fasce, signifie justice, loyauté, fidélité qui

fig. 26.

sont vertus chrétiennes ; louange, douceur,
beauté, dilection, qui sont qualités ; des planètes mercure, des jours mercredi, des éléments l'air, des pierres le saphir (fig. 26).

Le sinople ou vert, représenté par la hachure en
bande, signifie charité, espérance, dili-

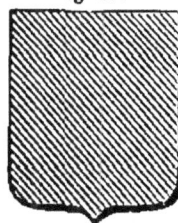

fig. 27.

gence et allégresse qui sont vertus chrétiennes ; honneur, amour, joie, force, qui
sont qualités ; des planètes venus, des jours
vendredi, des pierres l'émeraude (fig. 27).

Le sable ou noir, représenté par le
haché en fasce et en pal, signifie deuil,

fig. 28.

tristesse, mépris du monde ; des planètes
saturne, des éléments la terre, des jours
le samedi, des pierres le diamant (fig. 28).

L'hermine est la peau d'un petit animal environ gros comme un rat, qui a le pelage gris et le bout de la queue noir. Il se représente par un fond d'argent à

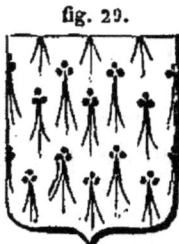

fig. 29.

mouchetures de sable, et peut aussi servir de champ comme les métaux de couleurs déjà indiquées. Les contre-hermines sont la même figure avec cette différence que le fond est noir et les mouchetures d'argent (fig. 29).

Le vair, ou petit gris, est la peau d'un petit animal nommé en latin *varus*, qui a le ventre blanc et le dos d'un gris bleu. Il se représente par des sortes de dés à

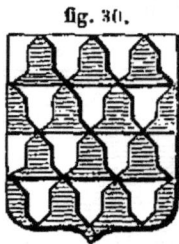

fig. 30.

coudre alternativement renversés, dont l'un est d'argent et l'autre d'azur, rarement d'une autre couleur. Les contrevairs sont la même figure avec les dés d'argent opposés les uns aux autres et de même de ceux d'azur (fig. 30).

Il n'entre point d'autres couleurs dans les armes que celles-ci; cependant on tolère de mettre la couleur naturelle des animaux ou des plantes qui servent de figure et dont il sera traité plus loin.

C'est une loi fondamentale du blason dè ne jamais mettre métal sur métal, ni couleur sur couleur. Les fourrures seules ont le privilége d'être indifféremment prises pour métal ou pour couleur. Conséquemment à cette règle, si le champ est de métal, les figures qui le couvrent doivent être de couleur ou de fourrures, si le

champ est de couleur, les figures seront de fourrures ou
de métal; si le champ est de fourrure, les figures peuvent être de métal ou de couleur. — Le semé de France
a le privilége des fourrures, comme on le voit aux armes des églises de Paris.

Avec la connaissance des partitions et des émaux,
le lecteur peut dès à présent construire certaines armoiries, qui sont les plus simples et les plus belles selon
l'art.

Ainsi, le champ tout d'or ou d'or plain pourrait
former le blason d'une famille; sur ce champ, on
peut tracer un *chevron* de gueules, d'azur, de sinople,
de sable, d'hermine, de vair; l'*orle* de gueules, d'azur,
de sinople, de sable, d'hermine, de vair; le *sautoir* de
gueules, d'azur, de sinople, de sable, d'hermine, de
vair; la *croix* de gueules, d'azur, de sinople, de sable,
d'hermine, de vair; la *barre* de gueules, d'azur, de
sinople, de sable, d'hermine, de vair; la *bande* de
gueules, d'azur, de sinople, de sable, d'hermine, de
vair; le *pairle* de gueules, d'azur, de sinople, de sable,
d'hermine, de vair; le *pal* de gueules, d'azur, de sinople, de sable, d'hermine, de vair; la *fasce* de gueules,
d'azur, de sinople, de sable, d'hermine, de vair; le
chef de gueules, d'azur, de sinople, de sable, d'hermine, de vair.

Si à l'or on joint un autre émail, on obtient un
nombre considérable de nouvelles combinaisons; *parti*
d'or et de gueules, d'azur, de sinople, de sable, d'her-

mine, de gueules ; *coupé* d'or et de gueules, d'azur, de sinople, de sable, d'hermine, de vair; *tranché* d'or et de gueules, d'azur, de sinople, de sable, d'hermine, de vair; *taillé* d'or et de gueules, d'azur, de sinople, de sable, d'hermine, de vair; *écartelé en croix* d'or et de gueules, d'azur, de sinople, de sable, d'hermine, de vair; *écartelé en sautoir* d'or et de gueules, d'azur, de sinople, de sable, d'hermine, de vair; *gironné* d'or et de gueules, etc; *tiercé* d'or et de gueules, etc.

Sur ce nouveau champ de deux couleurs, on peut encore, comme précédemment, remettre des *chevrons, orles, sautoirs, croix,* etc., pourvu que l'on ne mette pas couleur sur couleur, et métal sur métal.

Au lieu de prendre l'or pour exemple, j'aurais pu prendre l'écu quelconque des huit autres émaux, et répéter pour l'argent, le gueules, l'azur, le sinople, le sable, l'hermine ou le vair, toutes les combinaisons que je viens d'indiquer.

Mais ces combinaisons, déjà considérables, paraîtront infinies au lecteur quand il connaîtra toutes les figures d'objets inanimés, d'animaux et de plantes, que le blason admet dans ses signes, et toutes les positions diverses qu'il est possible de donner à chacune d'elles en blasonnant.

CHAPITRE III.

DES FIGURES DU BLASON.

On donne en armoiries le nom de *figures*, à tous les dessins qui peuvent être représentés sur le champ de l'écu.

On les distingue en figures *héraldiques*, figures *naturelles*, figures *artificielles*, et figures *chimériques*.

I. Les *figures héraldiques*, ainsi nommées parce qu'elles sont d'un très-ancien et très-bel usage dans le blason, sont celles que l'on obtient en tirant sur l'écu de simples lignes géométriques. J'en ai déjà indiqué la formation dans le chapitre précédent, ce sont : le *chef* (fig. 31), le *pal* (fig. 32), la *bande* (fig. 33), la *barre* (fig. 34), la *fasce* (fig. 35), le *sautoir* (fig. 36), la *croix* (fig. 37), la *bordure* (fig. 38), le *chevron* (fig. 39), le *pairle* (fig. 40), et l'*orle* (fig. 41), avec leurs *diminutifs*.

Le *chef* est une pièce qui occupe transversalement le

tiers supérieur de l'écu. Il doit être de métal quand l'écu est de couleur, et réciproquement, le diminutif du

fig. 31.

chef se nomme *comble :* c'est une ligne moins large que le chef. Le chef peut recevoir des *charges* ou nouvelles figures (fig. 31). (Gaucher de Chatillon portait de vair au chef d'argent chargé d'un léopard de gueules).

Le *pal* est une pièce droite posée perpendiculairement qui divise l'écu en parties égales, comme les pieux des palissades. Il est toujours d'un métal ou d'une couleur. On peut en mettre jusqu'à trois, côte à côte, l'un au milieu, l'autre à dextre et l'autre à senestre. Les diminutifs du pal sont la *vergette,* qui est le demi-pal, et le

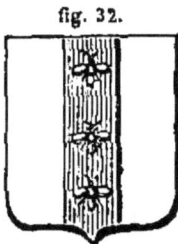

fig. 32.

bâton qui en est le tiers. Comme le chef, le pal peut être chargé d'autres figures (fig. 32). (La ville de Tulle porte d'argent à un pal de gueules, chargé de trois papillons d'argent).

La *bande* est une pièce diagonale qui prend de l'angle supérieur droit du chef de l'écu, et tire vers le bas du côté senestre. Il en est des bandes comme du pal, pour la disposition des couleurs et des métaux, et comme lui elles peuvent être chargées de figures. Les

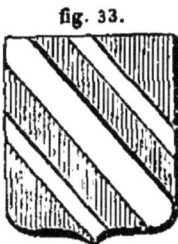

fig. 33.

diminutifs de la bande sont la *cotice,* qui est un tiers de bande, et le *filet* qui en est le quart (fig. 33). (La famille de Livron porte de gueules à une bande d'argent, accostée de deux cotices de même.

La *barre* est une pièce semblable à la bande, qui contient sur l'écu autant de place, mais elle est posée dans le sens contraire, du chef supérieur gauche, au côté senestre de la pointe. Elle ne peut être métal quand le champ est métal, et réciproquement son diminutif est la *traverse* qui n'a que le tiers de sa largeur (fig. 34). (La famille Damuglia porte barré d'argent et de gueules.) On marque la bâtardise par une barre de sable chargeant sur l'émail quel qu'il soit.

fig. 34,

La *fasce* est une pièce qui traverse l'écu d'un flanc à l'autre, et en occupe également le tiers. Elle est soumise aux mêmes lois que les précédentes figures. Ses diminutifs sont la *devise* ou fasce diminuée d'un tiers, la *trangle* ou fasce diminuée en nombre impair, et les *burèles* qui sont des devises en nombre pair (fig. 35). (La famille Clerambaut porte burelé d'argent et de sable).

fig. 35.

Le *sautoir* est une croix de Saint-André formée par une barre et une bande. Les lois précédentes sur la disposition des métaux et des couleurs lui sont applicables. Il peut également être chargé de figures. Son diminutif est le *flanquis* qui a le tiers du sautoir (fig. 36). (La famille de Trobriant porte de sable, au sautoir d'or).

fig. 36.

La *croix*, dont les formes font plus de quarante va-

riétés, se distingue par des termes que nous donnerons
plus tard, est soumise aux mêmes lois que les figures

fig. 37.

précédentes. Elle a pour diminutif la *fe-*
varelle qui n'a que le quart de sa dimen-
sion (fig. 37). (La famille de Nançay la
Chatre, porte de gueules à la croix ancrée
de vair).

La *bordure* est une pièce qui occupe le bord de l'écu
et l'entoure en tout sens. Elle doit avoir le sixième de
la largeur de l'écu. Elle est soumise aux mêmes lois

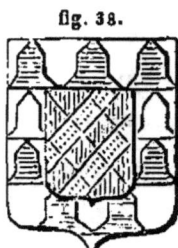
fig. 38.

que les pièces précédentes. Son diminutif
est la *filière* ou engrelure qui ne doit avoir
que le quart de la largeur de la bordure
(fig. 38). (La famille Lafayette, porte de
gueules barré d'or à la bordure de vair).

Le *chevron* est une pièce angulaire dont la pointe
aboutit au-dessus du milieu de l'écu vers le chef, et
dont les deux jambes s'ouvrent en compas vers les deux

fig. 39.

angles de la pointe. Il doit occuper le tiers
du champ et est soumis aux règles précédentes. Son diminutif est l'*étaie* qui n'a
que le quart de sa largeur (fig. 39). (La
famille de La Porte des Vaux, porte d'or,

fig. 40.

au chevron de gueules).

Le *pairle,* du latin *pergula,* fourche est
formé d'un pal qui mouvant du pied de
l'écu, se divise à son centre en deux autres
parties égales qui vont aboutir aux deux

angles du chef. Même disposition pour les émaux que précédemment (fig. 40). (De sinople au pairle d'hermine).

L'*orle* est une pièce qui, sans toucher le bord de l'écu, tourne tout autour en demi-tiers dans le même sens que la bordure. Il est soumis aux mêmes règles que les précédentes figures héraldiques (fig. 41). (De sable à l'orle d'argent).

fig. 41.

Les pièces héraldiques, multipliées jusqu'à six, ne passent pas pour diminuées ; aussi on dit fascé de six d'argent et d'azur ; chevronné de trois d'or et de sable ; palé de cinq de gueules et d'hermine. Mais passé ce nombre, la bande devient *cotice*, la fasce devient *trangle* ou *burèles*, le chevron devient *etaie*, etc.

II. Les *figures naturelles* sont celles qui représentent certains objets pris dans la nature, que des raisons ou des circonstances particulières ont porté les familles à adopter dans leurs armes. Ces figures sont prises dans toute l'échelle des êtres. Les plus fréquemment employées sont :

Parmi les astres, le soleil, l'ombre de soleil, la lune, les lunels, les étoiles, les comètes, les croissants, l'arc-en-ciel.

Dans le règne minéral, les montagnes, les îles, les rivières, les mers, les cailloux, les diamants.

Dans le règne végétal, les fleurs de lis, de roses, de soucis, de chardon, de violettes, les grappes de raisin, les grenades, les pommes de pin, le fruit du chêne, les gerbes de blé, le palmier, l'olivier, le cyprès.

Dans le règne animal, le corps humain et ses parties, buste, senestrochère ou main gauche, dextrochère ou main droite, foi ou mœurs unies, hounettes ou pied avec son bas, les lions, léopards, ours, chiens, bœufs, massacres ou tête avec ses cornes, le taureau, le loup, le cheval, le dauphin, la guivre ou serpent ondoyant, le bare ou barbeaux adossés, les coquilles, l'aigle, le cigne, la merlette, le faucon, le vautour, la colombe, le coq, le hibou, le paon, le pélican, etc.

III. Les *figures artificielles* sont celles qui sont prises dans les armes, les bâtiments, et les instruments divers de la vie usuelle. Les gonfanons, les sceptres, les épées, les lances, les chausse-trappes, les molettes d'éperon, les masses d'armes, les haches, les marteaux, les cors, les herses, les fers de moulin, les flûtes, les harpes, les grils, les habits mal taillés, les tours, donjons, portes, créneaux, cabanes, les dés, les losanges, les billettes, les besans, les damiers, les macles, les fusées, les rustres, les tourteaux, les feuilles de sies, les cornières, les gumenes, les lambels, les otelles, les patenotres, les rais, les trescheurs, les annelets, et annelles, les bris, les couples, les défenses, les estocs, les fermails, les frettes, les vires, les clefs, etc.

IV. Les *figures chimériques,* telles que les anges, les centaures, les harpies, les hydres, les chimères, les basilics, les dragons, les griffons, les alerions, les aigles à deux têtes, les vols, les crequiers, les coquerelles, les quinte feuilles, les tierce feuilles.

En blason, comme je l'ai déjà indiqué, il est permis de représenter toutes ces figures de la nuance des huit émaux, que j'ai décrit au chapitre précédent; on tolère encore de les représenter de leur couleur naturelle.

Elles peuvent être représentées isolément ou plusieurs ensemble, que l'on énonce de la manière suivante : Exemple : d'azur, à six besants d'or, posés 3, 2 et 1 ; d'argent, à trois lions de sable, posés 2 en chef, 1 en pal; d'or, à l'orle de huit merlettes de sable; d'azur, à onze billettes d'argent, 4, 3, 4.

La situation naturelle de deux figures semblables est d'être l'une sur l'autre, et ne s'énonce pas. Exemple : de sable, à deux léopards d'or (fig. 42). La disposition naturelle de trois figures est d'être : 2 et 1. Exemple : d'or, à trois tourteaux de gueules (fig. 43). La disposition naturelle de quatre figures est d'être : 2 et 2.

fig. 42.	fig. 43.	fig. 44.	fig 45.

   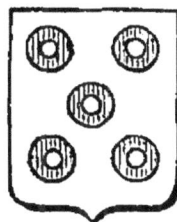

Exemple : d'or, à quatre lionceaux de gueules (fig. 44). La disposition naturelle de cinq figures est d'être en sautoir (fig. 45), d'argent, à cinq annelets de gueules, quand elles sont en croix ou autrement, il faut l'énoncer. Six figures se mettent : 3, 2 et 1. D'azur, à six annelets

d'or (fig. 46), quand ils sont en pal ou autrement, il faut
l'énoncer. Sept figures se disposent indifféremment : 3,

fig. 46.   fig. 47.

3, 1 ; 3, 1, 3. D'azur à sept macles d'argent (fig. 47);
4, 3, etc., ce qui fait qu'il faut toujours énoncer leur
disposition. Huit figures se posent en orle; il faut
énoncer les autres dispositions. Neuf figures se posent :
3, 3, 3 ; ou 3, 3, 2, 1 ; il faut les énoncer. Exemple :
d'argent, à neuf merlettes de sable, 3, 3, 2, 1. Dix
figures se peuvent placer : 4, 3, 2, 1 ; ou 4, 2, 4; ou
en orle; il faut énoncer la disposition. Exemple : de
gueules à dix billettes d'argent, 4, 2, 4 (fig. 48). On

fig. 48.   fig. 49.

dit que les figures sont semées, quand, placées à égale
distance, elles remplissent tellement l'écu, qu'il s'en
perd des moitiés et des extrémités. Exemple : d'or,
semé de fleurs de lis et de tours d'azur alternativement
(fig. 49).

On voit par ces exemples, quel nombre infini de

combinaisons on peut obtenir à l'aide des *divisions* de
l'écu, de la *différence* des couleurs, et de la *diversité*
d'*espèces* et de *dispositions* des figures ; ces combinaisons deviendront incalculables, quand j'aurai exposé
les attributs que chaque figure peut recevoir pour en
faire un nouveau signe.

CHAPITRE IV.

DES ATTRIBUTS DES FIGURES.

L'une des plus considérables difficultés du blason, est l'explication des attributs des figures, ou des modifications qu'une même figure peut subir. Ces termes sont si nombreux, que l'explication de beaucoup d'eux ne se trouvera qu'au dictionnaire. J'en veux cependant indiquer ici les divisions.

Les figures héraldiques peuvent être : *abaissées*, (d'azur au chevron d'or, abaissé sous une trangle d'or. *Chappelain*); en *abime* (parti de 2, coupé de 1 ; au 1er d'or au créquier de gueules, au 2e d'or à deux lions passant de gueules, au 3e d'or au loup ravissant d'azur, au 4e d'azur à trois tour d'or, au 5e d'azur à trois pal d'or et chef de même, au 6e d'or à deux léopards d'azur, sur le tout en abime de gueules au lion d'or, au chef cousu d'azur chargé de trois roses d'argent. *Lesdiguières*); *aboutées* (d'argent à quatre gueules d'hermine en croix et aboutées en cœur. *Hurleston*); *accompagnées* (d'azur à la bande d'or, accompagnée de sept billettes de même en orle. *Chatelus*); *accostées* (d'argent au chevron de gueules accosté de trois merlettes de sable); *adextrées* (de gueules au chevron d'argent, adextré en chef d'un croissant de même); *aiguisées* (d'argent au pal aiguisé de gueules. *Chandos*); *ajourées* (de sable à la croix d'argent ajourée en cœur. *Viry*); *ancrées* (d'or au sautoir ancré d'azur. *Broglie*); *anglées* (d'argent à la croix d'azur anglée de quatre clous de même (fig. 50). *Machiavelli*); *bastillées* (d'azur à la bande d'argent bastillée de trois pièces accostée de cinq étoiles, trois en chef et deux en pointe (fig. 51). *Juglat*); *bourdonnées* (d'or

fig. 50.   fig. 51.   fig 52.   fig. 53.

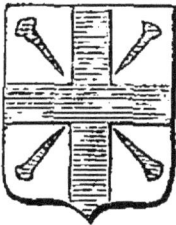   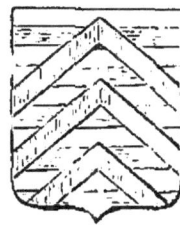

à la croix bourdonnée de gueules au chef d'azur chargé d'une étoile d'or. *Rochas*); *bretessées* (d'azur à la bande bretessée d'or (fig. 52). *Scarron*); *brisées* (d'or à trois chevrons brisés de sable. *Viole*); *bronchant* (burelé d'argent et d'azur, à trois chevrons de gueules bronchant sur le tout (fig. 53). *La Rochefoucault*); *chappées* (d'argent chappé de gueules. *Brunecoff*); *chargées* (de gueules au chef d'argent chargé de trois coquilles de sable. *Lavergne*); *eléchées* (d'azur à la croix vidée, eléchée et pommettée d'or. *Venasque*); *componées* (de gueu-

les à la bande componée d'argent et d'azur (fig. 54);
contrebandées (parti et contrebandé d'or et de gueules
(fig. 55). *Horbler*); *contre bretessé* (d'azur, au pal contre

fig. 54.   fig. 55.   fig. 56.

 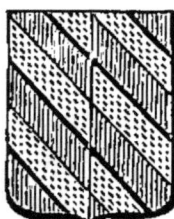 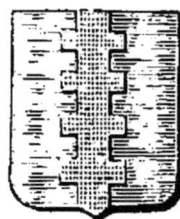

bretessé d'or. (fig. 56) *Paola*); *contre componées* (fascé
d'or et de sable à la bordure contre componée de même.
Seve); *contre fascées* (contre fascé de sable et d'argent
de trois pièces (fig. 57). *Vesterholl*); *contréchiquetées*
(fascé d'argent et de gueules, à la bordure contréchi-

fig. 57.   fig. 58.

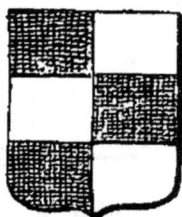 

quetée de gueules et d'argent. *Tangel*); *contre pallées*
(contre pallé d'argent et d'azur de six pièces à la fasce
d'or (fig. 58); *crénelées* (d'argent à la fasce crénelée de
gueules. *Lalande*); *danchées*, même terme que en feuille
de scie (de sable à trois fasces d'or danchées par le bas.
Cossé); *découpées* (de gueules découpé d'argent. *Ron-
querolles*); *dentelées* (d'azur à la croix dentelée d'argent. *Estourmel*); *devisées* (de gueules à deux chevrons
d'argent, sommés d'une devise de même); *écartelées*

(écartelé d'argent et d'azur. *Crevant*) ; *échiquetées* (échiqueté d'argent et d'azur (fig. 59). *Lotin de Charny*) ; *écolées* (d'azur à la bande écolée d'argent (fig. 60). *Léche-*

fig 59.   fig. 60.   fig. 61.

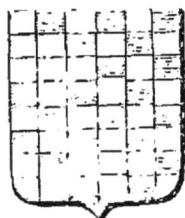  

raine) ; *émanchées* (parti émanché d'argent et de gueules (fig. 61). *Hotman*) ; *embrassées* (d'argent embrassé de gueules. *Domants*) ; *empoignées* (d'or à la bande d'azur chargée de trois étoiles d'or et empoignée par une patte de lion de sable mouvante du flanc dextre de l'écu. *Bons*) ; *enchaussées* (d'argent enchaussé d'azur. *Lichteinstein*) ; *engoulées* (d'azur à la bande d'or engoulée de deux têtes de lion de même (fig. 62). *Thouars*) ; *engrêlées* (de gueules à la croix engrêlée d'or (fig. 63).

fig. 62.   fig. 63.   fig. 64.

Gadagne) ; *faillies* (d'azur à deux chevrons d'argent, l'un failli à dextre, l'autre à senestre, c'est-à-dire, rompus sur les flancs et séparés (fig. 64). *Maynier*) ; *flambantes* (d'argent à trois pals flambants) ; *fleurées* (d'or au chevron de gueules au double trescheur fleuré et

contre fleuré de sinoples); *frettées* (d'argent fretté de
sable (fig. 65). *Humières*); *flanquées* (d'azur à une
fasce d'or flanquée de deux pointes d'argent (fig.
66); *fleurdelisées* (d'or à la croix fleurdelisée d'azur);

fig. 65.

fig. 66.

fig. 67.

gringolées (de gueules à la croix d'hermine ancrée et
gringolée d'or (fig. 67). *Kaer*); *mouchetées* (de gueules
au chevron d'argent moucheté d'hermine. *Chignin*);
mi-parties (d'azur au chevron mi-parti d'or et d'argent); *ondées* (d'azur à trois fasces ondées d'or (fig.
68). *Brancion*); *papelonnées* (d'hermine, papelonnée
de gueules. *Arquinvilliers*); *patées* (d'argent à la croix
patée d'azur); *perys* (d'or au sautoir d'azur pery en

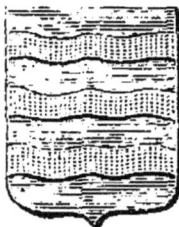fig. 68.

fig. 69.

trèfle); *pignonnées* (de sable au chevron pignonné d'argent); *plumetées* (plumeté d'argent et d'azur. *Ceba*);
pommetées (de gueules à la croix pommetée d'argent);
potencées (d'azur au chevron potencé et contre potencé
d'argent (fig. 69); *raccourcies* (d'or au chevron rac-

courci de sable accompagné de trois corbeaux de même); *recroisettées* (de sable à trois croix recroisettées d'or. *Croisilles*); *resarcelées* (d'or à la croix de sable resarcelée d'or chargée de cinq écussons bordés et engrélés de gueules. *Fumilis*); *retraites* (de gueules à trois bandes d'or retraites en chef. *Ludovisio*); *rompues* (d'azur au chevron rompu d'or accompagné de trois étoiles d'argent. *Olandus*); *semées* (d'argent semé de fleurs de lis de sable. *Le Fay*); *senestrées* (d'argent à un pal de sable senestré d'une étoile d'or); *surmontées* (d'argent au chevron d'azur surmonté d'un croissant de gueules accompagné de trois roses de même. *Joibert*); *vairées* (vairé d'or et de sable. *Gourvines*); *vivrées* (de gueules à la bande vivrée d'argent. *Sart*); *tréflées* (d'or à la croix tréflée de sinople).

Les figures naturelles peuvent être : *abaissées* (d'or à l'aigle de sable membré et langué de gueules, au vol abaissé. *Du Faing*); *aboutées* (de gueules à trois pannelles ou feuilles de peuplier d'argent en pairle,

fig. 70.

les queues aboutées en cœur); *acolées* (d'azur au levrier courant d'argent acolé et bouclé d'or (fig. 70). *Nicolaï*); *acornées* (d'azur à trois rencontres de béliers d'argent acornés d'or. *Saint-Belin*); *accostées* (de sable à deux biches contrepassantes accostées et adossées d'argent); *accroupies* (d'argent à trois lapins accroupis de sable); *acculées* (d'argent à la licorne acculée de sable, acornée et onglée d'or); *addossées* (d'or à deux lions

addossés de gueules. *Descordes*); *affrontées* (d'azur à
deux bars affrontées d'argent. *Chiavaro*); *animées* (de
gueules à une tête de cheval d'argent animée et bridée
de sable. *Penmark*); *apaumées* (de sable à trois mains
droites levées et apaumées d'argent); *armées* (d'or au
lion de sable, armé, lampassé et couronné de gueules
(fig. 71); *arrachées* (d'argent à un arbre de sinople

fig. 71.   fig. 72.

arraché. *De Launay*); *assises* (de gueules au chien
braque assis d'argent (fig. 72); *baillonnées* (d'argent
au lion de sable baillonné de gueules); *béquées* (d'or à
trois merlettes de sable béquées et patées de gueules);
bouclées (d'azur au lévrier rampant d'argent accolé de
gueules bouclé d'or); *barbées* (d'azur au coq d'or, béqué, membré, crêté et barbé de gueules); *bardées* (de
sable au cavalier d'or bardé et caparaçonné de sinople);
boutonnées (d'argent à trois roses de gueules boutonnées d'or); *cabrées* (de gueules au cheval cabré d'argent.
La Chevalerie); *carnation* (d'argent à un Saint-Pierre
de carnation vêtu d'azur, tenant de la main droite
deux clefs d'or passées en sautoir); *chaperonnées*
(d'azur à trois éperviers d'or chaperonnés et grilletés
avec leurs longes de même); *chevillées* (d'or au denis
bois de cerf chevillé de cinq cors de sable, tourné en

cercle); *clarinées* (d'azur au bélier paissant d'argent, acolé et clariné d'or); *contournées* (de gueules au lion d'or à la tête contournée); *courant* (d'azur à une bande d'or accostée de deux cerfs courant de même); *couronnées* (de sable au lion d'argent couronné d'or, armé et lampassé de même. *Bournonville*); *crêtées* (d'azur au coq d'argent crêté et barbelé de gueules); *diffamées* (d'or au lion diffamé de sable); *échiquetées* (d'argent au lion échiqueté d'or et de sable. *Perlioni*); *écotées* (d'argent à trois écots droits de sinople. *Chesnel*); *effarées* (d'azur, au cheval effaré d'argent); *élancées* (d'azur au cerf élancé d'or. *Seguiran*); *emmuselées* (d'argent à une tête d'ours de sable emmuselée de gueules (fig. 73),

fig. 73.   fig. 74.   fig. 75.

(*Morlet de museau*); *empiétant* (d'azur au faucon d'or grilleté d'argent empiétant une perdrix d'or, béquée et onglée de gueules (fig. 74). *Arlet*); *encloses* (d'or au lion de gueules enclos dans un double trescheur fleuré et contre fleuré de même. *Ecosse*); *englantées* (d'argent au chêne de sinople englanté d'or, au canton dextre de gueules chargé de deux haches d'armes adossées d'argent (fig. 75). *Missirien*); *ébranchées* (d'or à deux troncs d'arbre ébranchés arrachés et acolés de sable en deux pals. *Dorgello*); *épanouies* (d'azur à la fleur de lis épanouie d'argent. *Onama*); *éployées* (d'or à l'aigle éployé

fig. 76.

de gueules membré et béqué d'argent (fig. 76). *Ronchivol*); *fleuries* (d'argent au rosier de sinople fleuri et boutonné de gueules, à la bordure d'azur chargée de huit étoiles d'or); *fruitées* (d'or au pin de sinople fruité d'or); *feuillées* (d'or à la croix de gueules accompagnée de quatre tulipes de gueules tigées et feuillées de sinople) ; *gayes* (d'azur au cheval gai et passant d'or au chef de même); *grilleté* (d'azur au faucon d'argent perché, lié et grilleté de même); *issantes* (de vair au chef de gueules au lion issant d'or. *Montainan*); *l'une sur l'autre* (d'azur à trois léopards d'or, armés, lampassés et couronnés l'un sur l'autre. *Caumont*); *membrées* (d'azur au cygne d'argent, becqué et membré d'or. *Foissey*) ; *mornées* (d'azur au lion morné d'or. *Du Halgoat*); *naissantes* (d'azur à trois bandes d'or au chef cousu d'azur chargé d'un lion naissant d'or); *naturelles* (d'azur à un tigre au naturel. *Berthelas*); *nervées* (d'argent à la branche de fougère de sinople nervée d'or

fig. 77.   fig. 78.

(fig. 77) ; *nouées* (de gueules au serpent noué et enlassé d'or en rond (fig. 78); *nourries* (d'argent à trois

fleurs de lis au pied nourri de gueules. *Vignancourt*) ;
onglées (d'argent à trois pieds de biche de gueules on-
glés d'or) ; *paissant* (d'azur à une brebis paissant d'argent sur une terrasse de sinople (fig. 79) ; *passant* (de

fig. 79.

fig. 80.

gueules à deux lions d'or passant l'un sur l'autre (fig.
80). *Merinville*) ; *posées* (d'or au lion de sinople posé.
Chateigniers) ; *ramées* (d'argent au cerf de gueules
ramé d'or) ; *rampant* (d'azur au lion d'or rampant sur
un rocher d'argent) ; *ravissant* (d'or au lion ravissant
d'azur) ; *saillant* (d'argent au bouc saillant d'azur, onglée et acorné d'or) ; *sanglées* (d'azur au poisson d'argent en fasce sanglé de gueules) ; *sellées* (d'azur au
cheval effrayé d'argent, sellé, bridé et caparaçonné de
gueules) ; *sommées* (d'azur au cerf passant d'argent sommé d'or chevillé de dix
cors (fig. 81) ; *sur le tout* (parti d'or et
de gueules au lion de sable sur le tout) ;
tigées (d'azur à trois lis au naturel d'ar-

fig. 81.

gent, feuillés et tigés de sinople ; *vêtues* (d'or à un
trèfle de sinople vêtu de gueules ; *volant* (d'azur à
la colombe volant d'argent en bande béquée et mem-
brée d'or).

Les figures artificielles peuvent être : *acolées* (de gueules à neuf macles d'or acolés et aboutés 3, 3 en trois fasces (fig. 82). *Rohan*); *accostées* (d'azur à l'épée haute d'argent la garde d'or surmontée d'une couronne couverte de France et accostée de deux fleurs de lis d'or. *Du Lys*); *aculées* (de gueules à six canons sur leurs affûts aculés deux à deux d'argent); *adextrées* (de sable semé de faux d'or le manche en haut adextré et

fig. 82.   fig. 83.   fig. 84.

senestré de même); *adossées* (d'azur à deux clefs d'or adossées en pal attachées par les anneaux (fig. 83). *Clugny*); *affrontées* (de gueules à deux clefs d'or affrontées en pal); *ajourées* (de gueules à la tour d'argent donjonnée et maçonnée de sable ouverte et ajouré de gueules (fig. 84). *Prunier*); *allumées* (d'azur à trois flambeaux d'or allumés de gueules); *antiques* (d'azur à trois fers de lance à l'antique); *ardentes* (d'azur à quatre bandes d'argent chargées de charbons de sable ardents de gueules); *armées* (d'azur à la massue d'or armée de piquerons d'argent dressée en pal, au chef d'argent chargé d'un gonfanon de gueules à deux pendants); *bastillées* (d'argent à trois losanges d'azur, au chef cousu d'or, bastillé de trois pièces (fig. 85); *bataillées* (d'azur à une cloche d'argent bataillée de sable (fig. 86); *ceintrées* (d'azur au globe d'or ceintré et croisé de gueules); *cerclées* (de gueules à trois barillets

fig. 85.

fig. 86.

fig. 87.

couchés d'or, cerclés de sable); *chatelées* (semé de lis au lambel de gueules chatelé de neuf pièces d'or (fig. 87); *clouées* (d'or à trois fers à cheval de gueules cloués d'or (fig. 88); *cordées* (d'argent à une harpe

fig. 88.

fig. 89.

cordée d'or (fig. 89). *Arpajou*); *coulissées* (de gueules au château à trois tours d'argent coulissé de sable); *cousues* (de gueules au lion d'or au chef cousu d'azur chargé de trois roses d'argent); *couvertes* (de gueules à la tour couverte d'or); *crénelées* (de sable à la tour crénelée d'or maçonnée de sable); *donjonnées* (de gueules à la tour donjonnée de trois pièces d'or. *Castellane*); *emmanchées* (d'azur à trois faux d'argent, emmanchées d'or (fig. 90); *émoussées* (de gueules à trois fers de lance émoussés d'argent); *empennées* (d'azur à un arc d'or chargé de trois flèches d'argent empennées d'or, celle du milieu encochée, et les deux

fig 90.   fig. 91.   fig. 92.

autres passées en sautoir (fig. 91); *empoignées* (d'azur à trois flèches empoignées d'or (fig. 92). *Suramont*); *encochées* (coupé d'or et de gueules à deux arcs tendus et encochés de l'un à l'autre); *enfilées* (d'azur à trois couronnes d'or enfilées dans une bande d'argent (fig. 93); *enguichées* (d'azur à la fasce d'argent chargée d'un cor de chasse de sinople, lié, vérolé et enguiché

fig 93.   fig. 94.   fig. 95.

d'or (fig. 94); *entrelacées* (d'azur à trois annelets entrelacés l'un dans l'autre en triangle d'or (fig. 95); *entre tenues* (d'azur à deux clefs d'or addossées en pal et entre tenues par le bas); *équippées* (de gueules à la nef équippée d'argent surmontée de trois étoiles d'or);

équipollées (cinq points d'or équipollés à quatre d'azur
(fig. 96); *figurées* (de gueules à trois besans d'or figu-
rés d'un visage humain d'or (fig. 97); *flottant* (de
gueules au navire équippé d'argent flottant et voguant
sur des ondes de même au chef de France. *Paris*);

fig. 96.   fig. 97.   fig. 98.

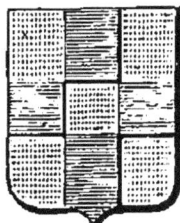 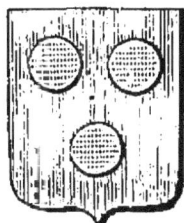 

frangées (d'or au gonfanon de gueules frangé de sinople (fig. 98). *Auvergne*); *fuselées* (fuselé d'argent et de
gueules (fig. 99). *De Vardes*); *garnies* (d'azur à deux
épées d'argent en sautoir garnies d'or, accompagnées
de quatre étoiles de même); *haussées* (d'azur à une
roue d'or et une fasce haussée de même); *liées* (d'or a

fig. 99.   fig. 100.   fig. 101.

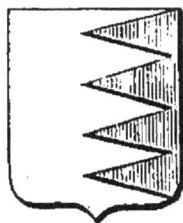  

deux masses d'armes en sautoir de sable liées de gueules. *Gondi*); *lozangées* (lozangé d'or et de gueules
(fig. 100). *Craom*); *mal taillées* (d'or à une manche
mal taillée de gueules (fig. 101). *Harting*); *mantelées*
(d'azur à la tour couverte d'argent mantelée de même.

Ceyus); *marquées* (d'or à trois dés d'argent marqués de sable); *maçonnées* (de gueules au pont de deux arches d'or maçonné de sable); *mouvantes* (d'azur à quatre chaînes d'or mouvantes des quatre angles de l'écu, liées en cœur à un anneau de même (fig. 102); *Nouées* (de gueules à l'écharpe d'argent en rond, nouée vers la pointe de l'écu); *ombrées* (d'azur à une chapelle d'argent sur une terrasse d'or ombrée de sinople); *ouvertes* (d'azur à trois compas ouverts d'or); *passées en sautoir* (d'azur à deux épées passées en sautoir d'ar-

fig. 102.

fig. 103.

fig. 104.

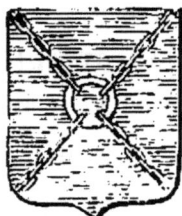

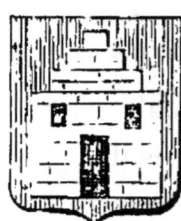

gent les pointes en haut, les gardes et les poignées d'or. *Angenourt*); *pendant* (de gueules au lambel d'argent de deux pendants (fig. 103); *pignonnées* (de gueules à la maison carrée d'argent couverte et ajourée de sable, pignonnée de pièces d'argent (fig. 104); *posées* (de gueules à une tour d'or posée sur une terre de sinople. *Montaign*); *tortillées* (de gueules à une fronde tortillée en double sautoir d'or, chargée d'un caillou d'argent et accostée de deux autres de même); *virolées* (d'or à trois trompes de gueules virolées d'argent).

Les figures chimériques peuvent être : *acornées* (de gueules à une licorne passant d'argent acornée et onglée d'or (fig. 105); *accostées* (d'azur à deux vols accostés et adossés d'argent (fig. 106); *accroupies* (d'azur

fig. 105.   fig. 106.   fig. 107.

au dragon accroupi d'argent (fig. 107); *acculées* (d'argent à la licorne acculée de sable acornée et onglée d'or); *affrontées* (de gueules à deux dragons monstrueux à face humaine et barbe de serpents affrontés d'or); *ailées* (de gueules au griffon d'or ailé d'argent (fig. 108). *Maupas*); *becquées* (d'azur au griffon d'or becqué d'argent); *contre-rampantes* (d'azur à deux griffons d'or contre-rampants à un arbre de sinople);

fig. 108.   fig 109.

monstrueuses (d'argent au dragon monstrueux de sinople, ayant tête humaine dans un capuchon, ailé de gueules en pied (fig. 109).

A ces signes qui, variés de couleurs, de nombre, de position, et de disposition donnent des combinaisons infinies, je dois en ajouter quelques autres qui servent à marquer les branches d'une même famille. On leur donne le nom général de *brisures*. L'aîné d'une maison porte les armes paternelles sans brisures ni diminution ; le deuxième fils prend le *lambel* en chef de trois pièces pour brisures ; le troisième prend la *bordure simple ;* le quatrième prend la *bordure engrêlée* ou *componnée ;* le cinquième le *bâton* brochant sur le tout ; le sixième la *bande* brochant sur le tout. Le fils aîné du second porte de même que son père ; le cadet le *lambel de quatre pièces,* et ainsi de suite. Les bâtards portent la *barre de sable* brochant sur le tout. En un mot, il faut toujours remarquer que celui qui porte le moins est le plus.

Malgré toutes ces marques, il arrive que plusieurs maisons portent les mêmes armoiries sans être parentes. Ainsi, Baffort, en Angleterre, portent d'or au chevron de gueules : de Laporte des Vaux portent de même.

Par contre, la différence d'armoiries sert à distinguer les familles qui portent le même nom sans être parentes : ainsi de Laporte de la Meilleraie portent de gueules au croissant d'hermine ; de la Porte d'Alassac portent d'azur à la porte d'argent ; de la Porte (du Dauphiné), de gueules à la croix d'or ; de Laporte des Vaux, d'or au chevron de gueules ; autres de Laporte, de gueules à la tour d'argent ; autres de gueules au croissant d'hermine bordé d'or.

Quand on veut lire un blason compliqué, il faut

d'abord indiquer les émaux de l'écu, puis les figures avec leurs particularités et leurs couleurs. Quand il y a des partitions, on énonce chacune d'elles successivement suivant l'ordre que j'ai indiqué. Ainsi on dira : écartelé d'or et de gueules; de sable au lion d'argent, lampassé et couronné de gueules; d'argent au lion de sable, au chef de gueules chargé de trois fleurs de lis d'or; tiercé en pal : au 1ᵉʳ burelé d'argent et d'azur, au lion de gueules couronné d'or brochant sur le tout : au 2ᵉ d'argent à la croix potencée d'or accompagnée de quatre croisettes de même : au 3ᵉ d'argent au lion de gueules.

DEUXIÈME PARTIE.

DES PIÈCES DONT ON ENTOURE L'ÉCU.

L'écusson, les émaux et les figures du blason sont,
comme je l'ai dit, les pièces essentielles des armoiries,
mais dans certains pays et pour des raisons qu'il ne
m'appartient pas de discuter ici, quelques familles qui
ne sont pas nobles ayant obtenu des souverains l'auto-
risation de porter dans des cartouches des marques de
distinction qui ressemblaient fort à des armoiries, et
d'autre part parmi les gentilhommes un grand nombre étant désireux de faire parade des nouveaux titres
de noblesse qu'ils ajoutaient à ceux de leurs ancêtres et
de leur avénement dans les qualités de barons, de
comtes ou de marquis, l'usage s'introduisit de distinguer leurs maisons, en ajoutant sur l'écu de leurs
armes, un casque, une couronne, une tiare, une
mitre, etc.

L'usage de joindre le casque à l'écu, rappelle une

coutume des tournois, où l'on avait soin de ranger dans quelque lieu public les écus et les casques des chevaliers afin que les dames les puissent aller voir.

Les lambrequins rappellent des livrées que les dames prenaient elles-mêmes la peine d'*achemer*, c'est-à-dire ajuster, au casque du paladin qui portait leur couleur. C'était à la fois un ornement et un préservatif contre la réverbération trop forte du soleil.

Les cimiers sont également des ornements de tournois et de guerre aussi ancien que l'usage des étendards et de signes par lesquels le soldat pouvait de loin reconnaître son chef.

Aux tournois encore les pages qui portaient les écus des chevaliers étaient déguisés en sauvages, en lions, en licornes; de là l'usage des supports.

Les devises elles-mêmes ne sont pour la plupart que devises d'amour ou de défi comme on les portait en ces brillantes assemblées.

Enfin dans les derniers temps, les héraults ont trouvé moyen de charger encore et d'embellir les armoiries, par les colliers des ordres royaux accordés aux dignitaires de l'Etat, et les attributs des fonctions des principaux officiers de la couronne.

Je donnerai une idée complète de ces ornements de l'écu en étudiant successivement : 1° Les *timbres;* 2° les *supports;* 3° les *devises;* 4° les *ordres*, et 5° les *marques des dignités, dont on a coutume d'entourer l'écu,* avec la manière de les disposer.

CHAPITRE I.

DU TIMBRE.

On donne le nom de timbre à la marque de dignité qui distingue le degré de noblesse : le casque ou heaume pour la noblesse militaire, les mortiers des magistrats, la tiare des papes, la croix des patriarches, la mitre et la crosse des évêques. Cette partie du blason se porte appuyée sur l'écu.

1. Le casque ou *heaume* est d'or pour les souverains, d'argent pour les princes, et d'acier poli pour les autres. On fait ceux des souverains avec la visière levée, et on

fig. 110.

fig. 111.

les place de face (fig. 110). Ceux des princes et des ducs ont onze grilles, et on les place aussi de face (fig. 111).

Ceux des marquis ont onze grilles, et sont placés de deux tiers (fig. 112). Ceux des comtes et vi-comtes neuf grilles, et sont placés de deux tiers

fig. 112.   fia. 113.   fig. 114

(fig. 113). Ceux des barons sept grilles, et sont placés de deux tiers (fig. 114). Ceux des chevaliers cinq gril-

fig 115.

les, et sont placés de deux tiers (fig. 115). Ceux des simples gentilshommes trois grilles, et sont placés de

profils tête à droite (fig. 116). Ceux des bâtards sont
tournés tête à gauche (fig. 117). Ceux des nouveaux
annoblis sont fermés (fig. 118).

fig. 116.
fig. 117.
fig. 118.

 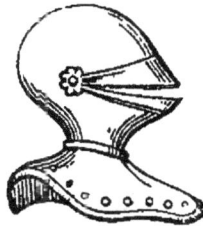 

Le casque doit être coiffé par les *lambrequins*.
Ce nom qui vient du latin *lemniscatus* et signifie
proprement rubans volants, s'applique dans le blason
à une sorte de coiffe d'étoffe, qui se mettait par-dessus le casque, pour le défendre du rayonnement de la
lumière, et dont les découpures flottaient au vent. Les
lambrequins se font ordinairement des mêmes couleurs
que l'écu. (fig. 115.) Dans les dessins d'armoiries on les
fait descendre de chaque côté de l'écu, quand celui-ci
n'a pas de supports. Dans le cas contraire, on les représente volants aux côtés du casque au-dessus des
supports. De ces lambrequins est venu l'usage des man-
teaux qui enveloppent les armes des princes, et des
ducs et pairs, et des pavillons qui couvrent celles des
rois.

fig. 119.

Les empereurs mettent sur le casque, par-dessus les lambrequins, une
tiare persanne surmontée d'une croix
(fig. 119). Les rois, une couronne fer-

mée de six ceintres (fig. 120). Celle des princes de la
maison de France est ouverte et fleurdelisée. Les ducs la
portent à feuilles de hache, c'est-à-dire, à fleurons re-
fendus (fig. 121). La couronne des marquis est mêlée de

fig. 120.   fig. 121.   fig. 122.

fleurons et de perles, c'est-à-dire, de quatre fleurons,
l'un au milieu, deux aux extrémités, et des perles
entre deux (fig. 122). Celle des comtes est formée de
grosses perles rangées sur un cercle d'or (fig. 123).
Les vicomtes la composent de quatre perles seulement
sur un cercle d'or, une au milieu, et une à chaque ex-

fig. 123.   fig. 124.   fig. 125.

trémité (fig. 124). Les barons mettent un cercle ou
tortil, avec des bandes de perles roulées autour
(fig. 125). Les gentilshommes qui ne sont pas titrés,
ne peuvent mettre sur leur casque qu'un tour de livrée
des émaux de l'écu, qu'on nomme *bourlet*. Le plus souvent ils ne mettent rien en-dehors des lambrequins que
le *cimier* dont il va être parlé.

Le casque lambrequiné et couronné, peut encore être surmonté
du *cimier* (fig. 126), dont le nom
vient de la position qu'il occupe
au sommet de la tête. Cette pièce
rappelle les signes militaires, aigles, dragons, loups, plumes, touf-
fes, que les anciens chefs portaient
au haut du casque comme signe

fig. 126

de ralliement. Les cimiers peuvent se changer selon la
fantaisie de chacun; ils tiennent dans le blason lieu
d'ornement plutôt que de pièce fixe. Quelquefois les
branches d'une même famille prennent des cimiers
différents pour se distinguer entre elles. On en a vu de
fort extravagants, tel était celui d'un gentilhomme
italien nommé Philelphe, lequel ayant vaincu un grec
sur une question de grammaire et gagné par suite
d'un pari la barbe de son adversaire, prit pour cimier
de son casque une femme qui avait des ailes au dos
tenant d'une main une ancre à trois crochets, et de
l'autre la tête du grec empoignée par la barbe. Les
cimiers les plus ordinaires sont : des griffons, des aigles, des faucons, des léopards, des loups, des biches,
et des plumes, plumets, et panaches. Une vieille gra-
vure, reproduite par le père Menestrier, représente le
heaume du duc de Bourbon surmonté d'un cimier sortant de sa couronne, qui est une véritable gerbe de
plumes de paons. Parmi les cimiers gracieux, on cite

celui de Come de Médicis, duc de Florence, représentant un faucon d'argent, qui tient de la serre droite élevée un anneau d'or orné d'un diamant taillé en pointe avec le mot : *semper.*

Dans le timbre de leurs armes, les empereurs, rois,

fig. 127.

princes, ducs, marquis, comtes, vicomtes, barons et généralement tous ceux qui portent couronne, suppriment le plus souvent le casque, les lambrequins et le cimier, pour ne laisser que la couronne au-dessus de l'écu (fig. 127).

II. La noblesse de robe a pour timbre un *mortier.* On donne ce nom à un bonnet de toile d'or rebrassé d'hermine, ou de velours noir bordé de galons d'or.

Le mortier n'est jamais *lambrequiné,* ni *couronné,* mais il peut être surmonté d'un *cimier,* comme cela se voit dans les armes des De Lamoignon qui portent l'écu losangé d'argent et de sable, au franc canton d'hermine, timbré d'un mortier, avec un aigle naissant pour cimier.

III. La noblesse cléricale doit renoncer aux heaumes, lambrequins, couronnes et cimiers, quoique plusieurs princes de l'Eglise aient souvent, à l'imitation du cardinal de Richelieu, négligé cette règle du blason ; mais ils doivent porter l'écu de leur famille timbré de la manière suivante.

Pour le pape, la tiare ou bonnet de toile d'or revêtue et parée de trois couronnes, surmontée d'une boule croisetée de fines perles. On y joignait autrefois une clef de chaque côté.

Les cardinaux ne timbrent leurs armes d'aucun cimier, mais elles sont surmon-tées en signe de lambrequins, par un chapeau rouge à deux cordons entrelacés et terminés de cinq houppes de même couleur de chaque côté (fig. 128)[1].

fig. 128.

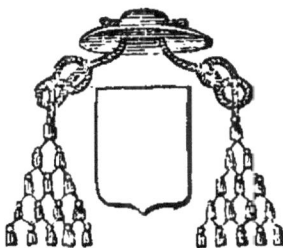

Les archevêques timbrent les leurs d'une croix d'or tréflée, et s'ils sont français, fleurdelisée, surmontée d'un chapeau de sinople à deux cordons entrelacés de même et terminés de quatre houppes. La croix est double pour les patriarches.

Les évêques timbrent les leurs d'une mitre et d'une crosse tournée à droite, surmontée d'un chapeau de sinople à deux cordons entrelacés de même, et terminés de trois houppes.

Les abbés timbrent les leurs d'une mitre et d'une crosse tour-nées à gauche, surmontées d'un chapeau de sable, à deux cordons entrelacés de même et terminés de deux houppes (fig. 129).

fig. 129.

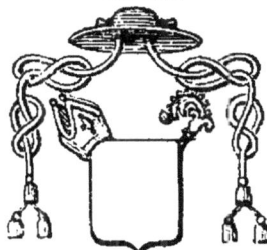

[1] Le nombre des houppes varie avec les auteurs; il n'y a rien de bien fixe à cet égard.

IV. Les femmes ne doivent porter aucun timbre.
Tout au plus souffre-t-on la couronne au-dessus de
l'écu pour celles qui sont séculières, et la crosse tournée à gauche pour les abbesses (fig. 130).

fig. 130.

CHAPITRE II.

DES SUPPORTS.

On donne le nom de *supports* aux pièces destinées à soutenir l'écu. Cette partie du blason n'est pas indispensable, elle est souvent de fantaisie. Les familles qui remontent aux tournois devraient seules avoir des supports de leurs armes.

On en trouve de trois sortes. Ceux qui représentent l'écu attaché à un tronc d'arbre, comme le support des Bayard du Terrail (fig. 131); ceux qui représentent un homme ou un animal seul, comme l'aigle à deux têtes d'Autriche; ceux enfin qui représentent, de chaque côté, des sauvages, des syrènes,

fig. 131.

des lions, des licornes, des chiens, des ours, etc., les deux étant semblables ou différents, tels les deux lions de Savoie; la licorne et le léopard d'Angleterre, etc. On les distinguait autrefois sous les noms de *soutiens*, *tenants*, et *supports*.

I. Tous les écus de noblesse militaire peuvent avoir des supports que l'on choisit ordinairement parmi les corps de l'écu ou du cimier. Mais ce n'est point là une règle invariable. On voit souvent les mêmes armes, avec des supports différents, parmi les membres d'une même famille. Charles VI, roi de France, faisait supporter l'écu de France par des cerfs ailés; Louis XII, par des palsrepics; François Ier, par des salamandres; plus tard, Louis XIV prit pour supports, deux anges armés de bannières.

II. La noblesse de robe ajoute rarement des supports à ses armes; cependant cela se voit.

fig. 132.

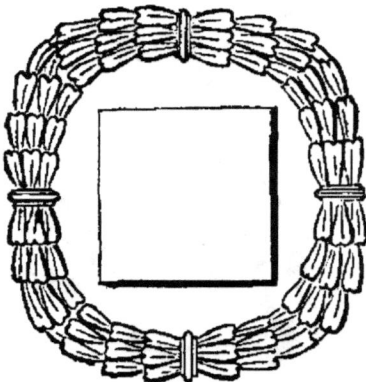

III. Les nobles, revêtus de dignités ecclésiastiques, ne doivent pas non plus mettre de supports à leurs armes, et cet usage est assez généralement observé.

IV. Les femmes mariées remplacent les supports par deux palmes qui entourent l'écu (fig. 132), ou par des

lacs d'amour (fig. 133). Les veuves mettent une cordelière autour de l'écu de leurs armes, à l'imitation

fig. 133.

fig. 134.

d'Anne de Bretagne (fig. 134), et de Louise de Latour,
qui avait ajouté en légende : j'ai le corps délié. Les
filles mettent des guirlandes de fleurs, les religieuses
des chapelets (fig. 135) ou des couronnes d'épines.

fig. 135.

CHAPITRE III.

DES DEVISES.

fig. 136.

La devise est un ornement accessoire des armoiries que l'on place ordinairement sur une banderolle au-dessus ou au-dessous de l'écu, et quelquefois attachée au cimier comme celle des Médicis (fig. 136).

Elle se compose tantôt de simples lettres, tantôt d'un mot, tantôt de plusieurs qui ont rapport soit à la composition de l'écu, soit à quelque événement particulier à celui qui la porte, ou quelque sentence.

La devise a succédé au cri que poussaient les hérauts d'armes des tournois, ou les soldats d'un chef à la guerre. Ces cris étaient fort communs. Chacun sait que *Montjoie et saint Denis* était le cri des rois de France, le duc de Bourgogne criait : *Notre-Dame de Bourgogne,* les ducs de Normandie : *Dam, Dieix aide.* Les seigneurs de Montmorency : *Dieu aide au premier chrétien.* Le seigneur de Montoison : *à la rescousse Montoison.* Les vicomtes de Limoges : *saint Liénard.*

Pour donner une idée des devises, il suffira d'en citer quelques-unes. La devise de la maison de Savoie est de quatre lettres : F. E. R. T., ce qui veut dire : *Fortitudo ejus rhodum tenuit.* La maison de Kergos, en Bretagne, avait celle-ci : M. *qui* T. M. *Aime qui t'aime.* La maison de Flotte avait pour devise : *Tout flotte.* Les Bauffremont de Charny avaient : *Plus deuil que joie.* Le roi Louis XIV : *Nec pluribus impar.* La devise des sires de Coucy est célèbre : *Prince ne daigne, roi ne puis, Coucy je suis.* Celle de l'ordre de la Jarretière n'est pas moins connue : *Honny soit qui mal y pense.*

Quel que soit le degré de noblesse, et les dignités, depuis le duc jusqu'au simple gentilhomme, depuis le pape jusqu'à la dernière abbesse, depuis la reine jusqu'à la fille noble, il est permis à chacun de se choisir une devise, et de l'ajouter au blason de ses armes.

CHAPITRE IV.

Il est d'usage d'entourer l'écu, avec les colliers des ordres dont on est décoré, comme étaient ou sont les ordres du Saint-Esprit, de Saint-Louis, de la Jarretière, de la Toison-d'or, de Saint-Maurice-et-Lazare, d'Isabelle-la-Catholique, de la Légion-d'honneur, etc.

Ces colliers se mettent entre l'écu et les supports, de manière que la croix pende en pointe de l'écu, et que les bouts du collier viennent se rattacher au heaume ou à la couronne qui le remplace.

Autrefois les chevaliers de Malte, ceux du Temple, de Saint-Maurice, de Saint-Jacques, de Calatrava, accolaient leur écu sur la croix de l'ordre dont les branches dépassaient pour faire distinguer l'ordre par la forme.

Il existe encore pour chaque ordre des règlements différents relatifs à la manière de les joindre aux armoiries, et qu'il serait trop long de rapporter ici. On les trouvera détaillés dans les statuts de chacun d'eux.

CHAPITRE V.

DES ORNEMENTS DES DIGNITÉS.

Outre le timbre, le cimier, les lambrequins, les supports, les devises et les ordres qui sont les ornements les plus ordinaires de l'écu, il y a des marques d'honneurs pour les dignités et pour les offices que l'on exerce. Ces ornements sont personnels.

Elles peuvent faire un quartier des armoiries, comme cela avait lieu pour les chevaliers du Temple, pour les électeurs de l'empire d'Allemagne, etc.

D'autres le mettent en cimier, comme les mortiers des chanceliers et des premiers présidents, la toque des grands-maîtres de Malte; celui qui est revêtu de ces insignes les place entre le heaume ou la couronne et le cimier, ou en guise de cimier au-dessus de ses armes, mais ce privilége ne passe pas après lui à sa famille.

D'autres le mettent derrière l'écu, tantôt en pal, comme le bourdon des prieurs, le bâton fleurdelisés de chantres, tantôt en sautoir, comme les masses des chanceliers, les bâtons des maréchaux, les clefs du pape, les canons des grands maitres d'artillerie, les drapeaux et les cornettes des colonels, les mains de justice des souverains, les ancres de l'amirauté, les clefs d'or du grand chambellan.

D'autres le mettent à côté de l'écu, comme les bannières que l'on fait ordinairement porter par les supports ou tenants, les mains armées de l'épée nue des connétables, l'épée au fourreau du grand écuyer, celle des chevaliers d'armes et deux clefs du surintendant des finances.

D'autres le mettent au-dessous de l'écu, comme le missel aux armes de France du grand aumônier, le couteau et la fourchette de l'écuyer tranchant, les deux bouteilles semées de France du grand échanson, la nef d'or et le cadenas du grand pannetier, les deux cors de chasse du grand veneur, les deux têtes de loup de front du grand louvetier, les deux leurres du grand fauconnier, les deux faisceaux du grand prévôt, les deux hallebardes du grand maréchal des logis.

Enfin quelques-uns le mettent autour des armoiries, tel est l'ancien manteau royal de France brodé de fleurs de lis. Le manteau impérial actuel semé d'abeilles d'or. Le manteau doublé d'hermine des princes et des ducs. Le manteau d'écarlate fourré d'hermine des chanceliers. Le manteau d'écarlate fourré de petit gris des premiers présidents. Le manteau rouge armoyé de leur chiffre d'or des cardinaux. Le manteau noir marque des mystères de la passion en broderie blanche et bleue des grands maîtres de Malte. Et tous les pavillons, tentes, pennoms, gonfanons et bannières dont il est question dans les promptuaires d'armes.

TROISIÈME PARTIE.

INDEX ALPHABÉTIQUE DES TERMES DE BLASON.

A

ABAISSÉ, se dit des pièces qui sont au-dessous de leur situation ordinaire. Le chef, la fasce, le chevron, le vol peuvent être abaissés sous un chef de patronage ou de religion.

ABÎME, se dit quand au milieu de quatre ou plusieurs figures qui paraissent remplir l'écu on en voit une beaucoup plus petite. Comme s'il y avait un croissant, une étoile ou une rose entre les quatre lions des armoiries de Beauveau et recouvrant une partie de leur image, on dirait qu'elle est en abîme.

ABOUTÉ, se dit de quatre pièces dont les bouts se répondent et se joignent en croix.

ACCOLÉ, se prend en blason en quatre sens différents.

1° Pour deux choses attenantes et jointes ensemble, ainsi les femmes accolent leurs écus à ceux de leurs maris ; 2° pour indiquer qu'un animal est orné d'un collier, comme les chiens, les aigles ; 3° pour indiquer une chose entortillée à une autre, comme un serpent à une colombe ; 4° pour indiquer que deux clefs, bâtons, masses, épées, etc, sont passées en sautoir derrière l'écu.

Accompagné, se dit des pièces honorables qui sont entourées d'autres pièces moins importantes. Ainsi la croix accompagnée de quatre étoiles, le chevron de trois croissants, la fasce de deux losanges.

Accorné, se dit de tous les animaux à cornes quand l'on veut représenter cette partie de la tête avec une couleur autre que le reste de l'animal.

Accosté, même sens qu'accompagné, s'applique particulièrement aux pièces de longueur. Ainsi on dira un pal accosté de six annelets.

Accroupi, se dit des animaux qui sont assis sur leurs pattes et ramassés.

Acculé, se dit d'un animal cabré qui tombe en arrière et aussi des canons apposés sur leurs affûts.

Achement, même signification que lambrequin.

Addextré, se dit des pièces qui en ont quelqu'autre à leur droite, comme un pal qui n'aurait qu'un lion sur le flanc droit, serait dit addextré de ce lion.

ADDOSSE, se dit de deux animaux tournés dos à dos, ou de deux clefs dont les pannetons sont tournés en dehors, etc.

AFFRONTÉ, est le contraire d'addossé.

AIGLE A DEUX TÊTES, figure chimérique qui se trouve dans les armes d'Autriche et ailleurs.

AIGUISÉ, se dit de toutes les pièces dont les extrémités peuvent être aiguës comme la croix, le pal, etc.

AILÉ, se dit de toutes les pièces qui ont des ailes contre nature, comme un lion, un taureau.

AJOURÉ, se dit des jours d'une tour, d'une maison ou d'une découpure quelconque. Il y a des croix ajourées, etc.

ALERION, se dit d'une aigle sans bec et sans ongles.

ALÉZÉE, se dit des pièces honorables dont les extrémités ne touchent pas les bords de l'écu, il y a des chefs, des croix, des sautoirs, etc., alésés.

ALLUMÉ, se dit des yeux des animaux ou des flammes d'un bûcher quand ils sont d'autre couleur que la pièce dont ils dépendent.

ANCHÉ, se dit seulement d'un cimeterre recourbé.

ANGLÉ, se dit de la croix et du sautoir quand il y a des figures à pointes dans leurs angles, une croix anglée de clous, un sautoir anglé de fleurs de lis.

ANIMÉ, se dit de la tête et des yeux d'un animal quand il paraît agir.

ANNELET, est un petit anneau tout rond.

ANNILLÉS, sont des fers de moulin.

ANTIQUE, se dit des couronnes à pointes de rayons et des coiffures grecques ou romaines.

APPAUMÉ, se dit de la main ouverte dont on voit le dedans qui est la paume.

APPOINTÉ, se dit de choses qui se touchent par les pointes comme trois épées mises en pairle peuvent être appointées en cœur.

ARDENT, se dit d'un charbon allumé.

ARGENT, l'un des huit émaux du blason, il se représente en blanc.

ARMÉ, se dit des ongles, des lions, des griffons, des aigles quand ils sont d'autre couleur que le corps.

ARMOIRIES, attributs distinctifs des familles nobles ou des associations.

ARRACHÉ, se dit des arbres et autres plantes dont les racines paraissent être des têtes et membres d'animaux qui ne sont pas coupés net.

ARRÊTÉ, se dit d'un animal qui est sur ses pieds sans que l'un avance devant l'autre. C'est la posture que l'on appelle passant.

ARRONDI, se dit pour distinguer les tourteaux et besans des boules.

ARTIFICIEL, se dit des figures du blason qui sont

prises dans les arts, comme le besan, les billettes, les macles, les lambels, les épées.

Assis, se dit de tous les animaux domestiques qui sont sur la queue comme chiens, chats, etc.

Attribut, se dit en blason des différentes formes et dispositions des figures.

Azur, l'un des huit émaux du blason. Il se représente par la couleur bleue ou par des hachures horizontales.

B

Badelaire, sont des épées courtes et larges, recourbées à la manière des cimetères.

Baillonné, se dit des animaux qui ont un bâton entre les dents comme les lions, les chiens, etc.

Bande, est une pièce honorable qui occupe diagonalement le tiers de l'écu de droite à gauche.

Bande, se dit de l'écu couvert de bande, ou de pièces bandées, on peut bander le chef, le pal, etc, voire même les animaux.

Bannière, étendard couvert d'un écusson, certains écussons sont eux-mêmes taillés en bannière, c'est-à-dire carrés.

Barbé, se dit des coqs et des dauphins quand leur barbe est d'un autre émail que leur corps.

BARDÉ, se dit d'un cheval paré de son harnachement.

BARRE, pièce héraldique qui occupe le tiers de l'écu diagonalement de gauche à droite. On l'emploie à marquer la bâtardise.

BARRÉ, se dit de l'écu couvert de barres, ou de pièces barrées. C'est l'opposé de la bande.

BARS, sont des barbeaux, que l'on représente en armoiries courbés et addossés quand il y en a deux.

BASILIC, reptile chimérique que l'on emploie quelquefois comme figure d'armoirie. Il a la forme d'un lézard, et est souvent ailé.

BASTILLÉ, se dit des pièces qui ont des créneaux renversés qui regardent la pointe de l'écu.

BATAILLÉ, se dit d'une cloche qui a le batail d'autre émail qu'elle n'est.

BATON, est le tiers d'une bande, mis dans le même sens.

BÉQUÉ, se dit des oiseaux dont le bec est d'autre émail que le corps.

BESAN, sont des monnaies d'or ou d'argent sans marque, qui ont reçu leur nom de la ville de Byzance.

BESANTÉ, se dit d'une pièce chargée de besans ; comme une bordure besantée de huit.

BLASON, art d'expliquer en terme propre toute sorte d'armoiries, et de les construire correctement.

Billette, sont des parallèlogrammes allongés, fort usités en armoiries.

Billette, se dit du champ semé de billettes.

Bisse, sorte de serpent que les Italiens nomment biscia.

Bissé, se dit du champ semé de bisses.

Bordé, se dit des figures qui ont un bord d'un émail différent du fond.

Bordure, est une pièce honorable qui prend tout le bord de l'écu en forme de ceinture. Elle a le sixième de la largeur du champ.

Bouclé, se dit du collier d'un animal quand la bouche est d'un émail différent.

Bouclier, arme ancienne dont l'écu a pris le nom et la forme.

Bourdonné, se dit d'une pièce héraldique dont les bouts sont tournés et arrondis en bourdon de pèlerin.

Bourlet, ornement en forme d'anneau dont les chevaliers peuvent orner leur heaume entre les lambrequins et le cimier.

Bouterole, est le bout du fourreau d'un badelaire.

Boutonné, se dit du milieu des roses et des autres fleurs quand il est d'autre émail que la fleur. On emploie aussi ce terme pour désigner une fleur non épanouie.

BRÉTÉSSÉ, se dit des pièces crénelées haut et bas en alternative, comme certaines bandes et certaines fasces.

BRIS, est une longue pièce de fer à queue pattée dont on se sert pour soutenir les portes sur leurs pivots.

BRISÉ, se dit des armoiries des cadets d'une famille, où il y a quelque changement par addition, diminution ou altération de quelque pièce pour distinguer les branches. On emploie encore ce mot pour indiquer que la pointe des chevrons est déjointe.

BRISURE, altération des pièces d'armoiries pour distinguer les branches d'une famille. Voyez FRISÉ.

BROCHANT, se dit des pièces qui passent sur d'autres, comme des chevrons sur des burelles.

BROYER, instruments dont on se sert pour rompre le chanvre.

BURELLE, la devise prend ce nom lorsque l'écu en porte un nombre pair. On en peut mettre sur un écu de sept à douze de deux émaux différents.

BURELÉ, couvert de burelles.

BUST, image d'une tête avec la poitrine. Plusieurs villes ont des busts de saints pour leurs armoiries, comme Limoges celui de saint Martial.

BUTES, sont les fers dont les maréchaux se servent pour couper la corne du pied des chevaux.

C

CABLÉ, se dit d'une croix faite de cordes tortillées.

CABRÉ, se dit d'un cheval dressé sur ses pieds de derrière.

CANETTE, sont des cannes sans bec et sans pied comme les alerions et les merlettes.

CANTON, se dit du tiers dextre ou senestre du chef. Les espaces que laissent les croix et les sautoirs, sont aussi nommés cantons.

CANTONNÉ, se dit de la croix et du sautoir, accompagnée de quelqu'autre figure dans les cantons de l'écu.

CARNATION, se dit de la couleur naturelle des figures, qui ne sont pas peintes avec l'un des huit émaux du blason.

CARTOUCHE, forme de l'écu particulièrement adopté en Allemagne. Voir aux figures.

CASQUE, armure de tête. Voyez HEAUME.

CEINTRÉ, se dit du monde ou globe impérial, entouré de deux cercles croisés.

CENTRE, se dit du milieu de l'écu où se placent les figures en abîme.

CERCLÉ, se dit d'un tonneau entouré de cercles d'un autre émail que lui.

CHAPEAU, partie du timbre des ecclésiastiques. Il est rouge pour les cardinaux, vert pour les évêques, et noir pour les prêtres.

CHAPPÉ, se dit de l'écu qui s'ouvre en pavillon au moyen d'un tranché et d'un taillé sur un champ mi-parti.

CHAPERONNÉ, se dit des éperviers dont la tête est enveloppée d'un chaperon.

CHARGÉ, se dit de toutes sortes de pièces sur lesquelles il y en a d'autres, comme le chef ou le pal, chargés de coquilles, de croissants, de roses.

CHARTELÉ, se dit d'une bordure ou d'un lambel, chargé de huit ou neuf châteaux.

CHAUSSÉ, est l'opposé de chappé.

CHAUSSE-TRAPPE, est un fer à quatre pointes disposées en triangle, que les anciens comptaient parmi les engins de guerre.

CHEF, est une pièce honorable qui occupe le tiers le plus haut de l'écu.

CHEVELÉ, se dit d'une tête dont les cheveux sont d'un émail différent.

CHEVILLÉ, indique le nombre de cors dont une ramure de cerf est ornée.

CHEVRONS, est une pièce honorable, formée de deux bandes réunies en angles vers le milieu de l'écu. Il doit en occuper le tiers.

CHEVRONNÉ, se dit d'une pièce chargée de chevrons.

CHIMÈRE, monstre fabuleux employé dans le blason.

CHIMÉRIQUE, qui n'existe pas dans la nature.

CLARINÉ, se dit d'un animal qui porte des sonnettes au cou.

CLÉCHÉ, se dit d'une figure terminée comme les anneaux d'une clef.

CLOUÉ, se dit d'une pièce dont les clous paraissent, et sont d'un autre émail.

CHAMP, surface de l'écu.

CIMIER, partie du timbre qui se met au-dessus du casque de la couronne et des lambrequins.

COLLETÉ, se dit des animaux qui ont un collier.

CENTAURES, animaux chimériques représentés comme des hommes nus avec pieds d'animaux.

COMPONÉ, se dit des figures héraldiques composées d'une suite de petits carrés d'émaux divers. Une bordure est souvent componée d'or et de sable, d'or et de gueules, etc.

CONTOURNÉ, se dit des animaux dont la tête regarde leur queue.

CONTRE-BANDÉ, est une pièce dont les bandes sont opposées, c'est-à-dire changent de couleur en un point de leur longueur.

CONTRE-BARRÉ, est une pièce dont les barres sont opposées.

CONTRE-BRÉTESSÉ, se dit d'une pièce crénelée, dont les créneaux sont opposés directement, au lieu de l'être alternativement.

CONTRE-COMPONÉ, se dit de la disposition inverse du componé.

CONTRE-ÉCARTELÉ, disposition inverse de l'écartelé.

CONTRE-ÉCHIQUETS, même disposition.

CONTRE-FASCÉ, disposition dans laquelle l'écu étant divisé en six parties, chaque côté présente deux carrés pareils de couleur, et un de couleur opposée, séparés l'un de l'autre.

CONTRE-FLEURÉ, où les fleurs sont opposées.

CONTRE-PALÉ, même disposition de couleurs que dans les pièces contre-bandées.

CONTRE-PASSANT, se dit des animaux superposés dont l'un a la tête à droite, et l'autre à gauche de l'écu.

CONTRE-POTENCÉ, se dit d'une disposition dans laquelle les têtes de potence sont entre-mêlées.

CONTRE-RAMPANT, se dit de deux animaux rampants qui se regardent.

CONTRE-VAIRÉ, dispositions dans laquelle, les dés de même couleur du vair, sont opposés, au lieu d'alterner.

COQUERELLE, figure qui représente les bourses de l'Alkekenge.

COQUILLES, écaille marine employée en blason pour indiquer les longs voyages.

CORDÉ, se dit des instruments de musique à corde et des arcs dont les cordes sont d'un émail différent.

CORDELIÈRE, ceinture de veuvage dont les femmes veuves entourent quelquefois leurs armoiries.

CORNIÈRE, anse de fer à l'aide de laquelle on porte les coffres, tables, autels, etc.

COTICE, est une bande diminuée des deux tiers, on en peut mettre de sept à douze sur le même écu, en alternant les émaux.

COTICÉ, se dit de l'écu rempli de cotices.

COUCHÉ, se dit des animaux au repos.

COULEUR, nuance des émaux. Les quatre couleurs doivent alterner avec les métaux ou les deux fourrures. On ne met pas couleur sur couleur en blasonnant.

COULISSÉ, se dit d'un château ou d'une tour qui ont une herse à la porte.

COUPÉ, se dit de l'écu partagé horizontalement en deux parties égales.

COUPLÉ, se dit des chiens de chasse liés ensemble.

COURANT, se dit de tout animal qui court.

COURBÉ, se dit des fasces un peu voûtées en arc.

COURONNÉ, se dit des lions, des casques, et des autres pièces portant couronnes.

Cousu, se dit du chef quand il est de métal sur métal, de couleur sur couleur, ou de fourrure sur fourrure.

Couvert, se dit d'une tour qui a un comble.

Cramponné, se dit des croix et autres pièces qui ont une demi-potence à leurs extrémités.

Crénelé, se dit des tours, bandes, châteaux, fasces, et autres pièces à créneaux.

Créquier, est un cérisier sauvage qui a une forme particulière. Voyez armes des Créqui.

Crête, se dit des coqs à cause de leur crête.

Croix, symbole du christianisme très-fréquemment employé avec des formes diverses dans le blason des anciennes familles. Croisette, petite croix.

Croisé, en forme de croix, ou orné de croix.

D

Danché, se dit des figures héraldiques quand elles sont découpées en pointes aiguës comme les dents.

Découpé, se dit des lambrequins qui sont découpés à feuilles d'acanthe.

Défense, se dit des longues dents des sangliers et des éléphants.

De l'un en l'autre, se dit des figures qui sont chargées de pièces qui sont sur l'une de l'émail de l'autre, et réciproquement comme l'écu tranché d'argent et d'azur, à trois tourteaux d'azur sur l'argent, et d'argent sur l'azur.

De l'un a l'autre, se dit d'une figure posée sur deux portions de diverses couleurs, et dont chaque moitié prend la couleur de la portion opposée, comme sur un écu parti de sable et d'argent, cinq étoiles posées en pal dont la moitié posée sur le sable serait d'argent, et la moitié posée sur l'argent serait de sable.

Demembré, se dit des animaux dont les membres sont enlevés.

Dentelé, se dit des pièces découpées à petites dents comme certaines croix.

Deux et un, se dit de la disposition ordinaire de trois pièces en armoiries, dont deux sont vers le chef et une vers la pointe.

Deux-tiers, terme de dessin qui exprime la position du casque ou heaume sur l'écu des marquis, comtes, vicomtes, barons et chevaliers.

Devise, sentence que l'on écrit sur une banderolle au-dessous de l'écu des armes.

Dextrochère, se dit du bras droit avec la main dont pend quelquefois un fanon.

Diadèmé, se dit de l'aigle qui a un petit cercle rond sur la tête.

DIAPRÉ, se dit des pièces bigarrées de diverses couleurs.

DIFFAMÉ, se dit du lion qui n'a pas de queue.

DIVISÉ, diminutif de la fasce qui n'a que les deux tiers de sa largeur.

DOLOIRE, est un instrument dont se servent les tonneliers.

DONJONNÉ, se dit des tours et châteaux qui ont des tourelles.

DRAGON, animal chimérique que l'on représente avec des ailes.

DRAGONNÉ, se dit du lion qui se termine en queue de dragon.

E

ÉBRANCHÉ, se dit d'un tronc d'arbre dont les branches ont été enlevées. Même signification que écoté.

ÉCARTELÉ, se dit de l'écu divisé en quatre parties égales.

ÉCARTELURE, est la partition de l'écu en quatre quartiers.

ECHIQUETÉ, se dit des pièces disposées en échiquier. L'écu, pour être échiqueté, doit avoir au moins vingt cases, autrement il est dit équipolé.

ÉCOTÉ, se dit des troncs et branches de bois dont les menues branches ont été coupées.

Écu, se dit de la surface en forme de bouclier sur laquelle on peint les armoiries.

Effaré, se dit d'un cheval levé sur ses pieds.

Egrené, se dit d'une pièce disposée comme les grains d'un chapelet.

Elancé, se dit du cerf courant.

Emaux, sont les métaux et couleurs du blason qui s'émaillaient anciennement sur les armes et sur les meubles. Ils sont au nombre de huit.

Émanché, se dit des partitions de l'écu où les pièces s'enclavent l'une dans l'autre en forme de longs triangles pyramidaux.

Embouté se dit des manches des marteaux, quand les bouts sont garnis d'émail différent.

Embrassé, se dit d'un écu où se trouve une seule émanchure.

Emmanché, se dit des instruments qui ont un manche d'émail différent.

Emmuselé, se dit des ours, chameaux, mulets, ornés de muselière.

Emoussé, se dit des lances et piques à bouts arrondis.

Empenné, se dit d'une flèche qui a des ailerons.

Empiétant, se dit d'un oiseau de proie qui tient sa proie dans ses serres.

Empoigné, se dit de pièces liées ensemble par le milieu comme trois flèches.

Enchaussé, est le contraire de chappé.

Encoché, se dit du trait qui est sur un arc.

Enclavé, se dit d'un écu parti dont l'une des partitions entre dans l'autre par une longue liste.

Enclos, se dit du lion d'Ecosse qui est enclos dans un trescheur.

Endentés, se dit d'une pièce formée de triangles alternés de divers émaux.

Enfilé, se dit des couronnes ou anneaux passés dans des lances ou des bandes.

Englanté, se dit du chène chargé de glands.

Engoulé, se dit des pièces dont les extrémités entrent dans des gueules d'animaux.

Engrelé, se dit des pièces à petites dents arrondies.

Enguiché, se dit des cors et trompes dont l'embouchure est d'un émail différent.

Ensanglanté, se dit des animaux blessés.

Entravaillé, se dit des oiseaux empêchés de voler par un bâton sur les ailes ou les pieds.

Entrelacé, se dit des animaux passés l'un dans l'autre.

Entretenues, se dit des choses liées ensemble par un anneau.

Épanoui, se dit des fleurs ouvertes et complètement fleuries.

Éployé, se dit des oiseaux dont les ailes sont étendues.

Équipé, se dit d'un vaisseau avec ses voiles et cordages.

Équipolés, se dit d'un écu couvert de neuf carrés dont cinq sont d'un émail et quatre d'un autre placés alternativement.

Essorant, se dit des oiseaux qui prennent leur vol.

Essoré, se dit du toit d'une maison quand il est d'un émail différent.

Étaie, pièce héraldique qui est le tiers du chevron.

Étincelant, se dit des charbons allumés.

Éviré, se dit d'un lion qui n'a pas la marque du sexe.

F

Failli, se dit des chevrons rompus en leurs montants.

Fasce, est une pièce honorable qui occupe horizontalement le tiers moyen de l'écu.

Fascé, se dit de l'écu couvert de fasces. On peut en mettre jusqu'à six.

Faux, se dit des armoiries qui ont couleur sur couleur ou métal sur métal.

FERMAIL, sont des agrafes pour fermer les livres, chapes et courroies.

FICHÉ, se dit des croisettes qui ont le pied aiguisé.

FIGURE, se dit du soleil ou des monnaies ornées du visage humain.

FIGURÉ, on donne en armoiries ce nom à toutes les pièces qui servent à blasonner l'écu.

FILET, diminutif de la bande dont il est le quart.

FILIÈRE, diminutif de la bordure dont elle n'est que le quart.

FLANC, dextre ou senestre, se dit du côté droit ou gauche de l'écu.

FLAMBANT, se dit du pal ondé et aiguisé en flamme.

FLANQUÉ, se dit des pièces qui en ont d'autres noms nobles à leur côté.

FLANQUI, diminutif du sautoir qui en a le tiers.

FLEURDELISÉ OU FLORENCÉ, terminé en fleur de lis comme les branches de certaines croix.

FLEURÉ, se dit des bandes, bordures, trescheurs et autres pièces dont les bords sont en façons de fleurs.

FLEURI, se dit des rosiers et autres plantes chargées de fleurs.

FLOTTANT, se dit des vaisseaux, et des poissons sur les eaux.

Foi, sont deux mains jointes comme dans les monnaies romaines.

Frangé, se dit des gonfanons qui ont des franges dont il faut spécifier l'émail.

Fretté, est le comble d'un toit qui se fait le plus souvent de perches croisées et entrelacées. Cette figure est souvent employée en blason.

Frettes, se dit de l'écu ou d'une pièce, couverte de bâtons croisés en sautoir, qui laissent des espaces vides en forme de losanges.

Fruité, se dit d'un arbre chargé de fruits.

Furieux, se dit d'un taureau élevé sur ses pieds.

Fusée, pièce du bason qui se représente par des losanges allongés.

Fuselé, se dit d'une pièce chargée de fusées.

Fusté, se dit d'une pique dont le bois et le fer sont d'émaux différents.

G

Gay, se dit d'un cheval nu sans harnais.

Garni, se dit d'une épée dont la garde est d'un autre émail.

Giron, est une pièce d'étoffe taillée en triangle que les femmes portaient sur leur sein. C'est la huitième partie de l'écu gironné.

GIRONNÉ, est l'écu divisé en huit parties égales et triangulaires dont les pointes s'unissent au centre.

GONFANON, sorte de bannière découpée et ornée de franges.

GRIFFON, animal chimérique souvent utile en blason. On le représente avec des ailes.

GRILLETÉ, se dit des oiseaux de proie qui ont des sonnettes aux pieds.

GRINGOLÉ, se dit des croix et autres pièces qui se terminent en tête de serpent.

GUEULES, est le nom armorial de la couleur rouge que les orientaux nomment *gul*.

GUIVRE, est une vipère dans la posture d'un serpent d'église.

GUEMÈNES, sont les attaches ou cordages des ancres.

H

HAMEYDEX, sont des chevrons sur lesquels on couche les barriques de vin dans une cave.

HAUSSÉ, se dit d'une pièce placée plus haut que sa situation ordinaire.

HARPIE, animal chimérique rarement employé en blason.

HEAUME, casque des chevaliers et gens de guerre ; il se

représente sur l'écu de face, de deux tiers ou de profil, suivant la dignité de l'individu.

HÉRALDIQUE, nom de certaines figures de blason qui passent pour plus nobles que les autres.

HERMINE, l'un des huit émaux et des deux fourrures du blason. Elle se représente par des pointes de sable sur un fond d'argent.

HÉRISSONNÉ, se dit d'un chat ramassé et accroupi.

HERSE, se dit du treillis de la porte d'une tour ou d'une forteresse.

HERSÉ, se dit d'une porte qui a sa coulisse abattue.

HOUSSÉ, se dit d'un cheval qui a sa housse.

HOUSSETTES, sont des brodequins ou bas de chausses.

HOUPPES, se dit des pompons qui terminent le cordon des chapeaux des ecclésiastiques.

HUCHET, est une trompe de chasse pour appeler au hucher.

HURE, se dit de la tête du sanglier ou du brochet.

HYDRE, est un animal chimérique qui se représente avec plusieurs têtes et une seule queue.

I

ISSANT, se dit des animaux dont la tête seule paraît avec une petite portion du cou.

J

JUMELLE, synonyme de burelle. Voyez ce mot.

JUMELLÉ, se dit d'une pièce formée de deux jumelles parrallèles.

L

LAC D'AMOUR, cordons dont les femmes entourent leurs armoiries.

LAMBEL, ruban que les jeunes gens seuls portaient en cravate, et qui ayant maintenant une forme invariable servent à distinguer les branches cadettes des maisons.

LAMBREQUIN, pièce d'étoffe découpée qui sert à couvrir le heaume et embrasse l'écu pour lui servir d'ornement. On le peint aux couleurs des armoiries.

LAMPASSÉ, se dit de la langue des animaux quand elle sort de la gueule.

LANGUÉ, se dit de la langue des oiseaux quand elle est apparente.

LÉOPARD, est en armoirie un lion passant dont on voit les deux yeux.

LEURRES, se dit de pièces de cuir qui servaient à l'oiseau de proie.

LEVÉ, se dit de l'ours en pied.

Loné, se dit d'un poisson qui a des nageoires.

Losange, figure rhomboïde fort usitée en blason. Le losange est sur pointe.

Lunel, se dit des croissants quand ils sont appointés en forme de rose.

L'un sur l'autre, se dit des pièces dont l'une est posée au-dessus d'une autre. Ces pièces doivent toujours être d'émaux différents.

M

Macle, est une maille de cuirasse ou un losange pavée en losange.

Maçonné, se dit des traits de couleur qui séparent la pierre d'une muraille, d'une tour, d'une porte, etc.

Mal ordonnées, se dit de trois pièces qui seraient posées une en chef et deux en pointes.

Mal taillé, se dit d'une manche d'habit bizarrement coupée. Il n'y en a que dans les armes anglaises.

Mantelé, se dit d'un animal couvert d'un manteau.

Mariné, se dit des animaux qui ont une queue de poisson.

Masqué, se dit d'un lion qui a un masque.

Masse, bâton à pomme qui sert de marques distinctives de certaines dignités.

MASSACRE, est une tête d'animal décharnée.

MEMBRÉ, se dit des cuisses des oiseaux quand elles sont d'autre émail que le corps.

MERLETTES, sont des oïseaux sans bec et sans pieds, fort communs en armoirie.

MI-PARTI, se dit de l'écu coupé en deux perpendiculairement et peint de deux émaux.

MITRE, ornement de tête des évêques.

MOLLETTE, est la rosette ouverte de l'éperon.

MONSTRUEUX, se dit d'un animal qui a face humaine.

MONTANT, se dit des croissants, écrevisses, etc, dressées vers le chef de l'écu.

MORNE, est un collier, cercle, ou extrémité ronde.

MORNÉ, se dit d'un animal sans dent, sans bec, sans griffe et sans queue.

MOUCHETÉ, se dit des hermines, ou d'un milieu plein de mouchetures.

MOUVANT, est synonyme de sortant, des angles du chef, etc.

N

NAISSANT, même signification que Issant.

NATUREL, se dit des animaux, fleurs ou fruits représentés comme ils sont naturellement.

Nébulé, se dit des pièces contournées en forme de nuées.

Nervé, se dit des feuilles dont les nervures sont d'un autre émail.

Noué, se dit des serpents et des queues d'animaux formant nœud.

Nourri, se dit du pied des plantes qui ne montrent point de racines.

O

Ombre, signifie image d'un corps assez délié pour que l'on voie le champ derrière. Les ombres de soleil se représentent sans figure humaine, avec un simple civelé et des rayons.

Ondé, se dit des figures un peu tortillées comme des vagues.

Onglé, se dit des ongles des animaux quand ils sont d'émail différent.

Or, l'un des huit émaux du blason et des deux métaux. Il se représente par un pontillé.

Ordre, se dit des décorations que l'on peut ajouter à l'écu de ses armes.

Oreillé, se dit des coquilles de pèlerin qui ont des oreilles quand elles sont d'un émail différent.

Orle, est une figure héraldique en forme de ceinture

qui occupe le sixième de la largeur de l'écu et ne touche pas les bords.

OTELLE, sont des bouts de fers de piques.

OUVERT, se dit des portes de tours de châteaux, etc.

OVALE, forme de certains écus, particulièrement de ceux du clergé.

P

PAISSANT, se dit des animaux qui ont la tête baissée pour paître.

PAIRLE, est une fourche qui mouvant du pied de l'écu, se divise, vers le milieu en deux autres parties égales qui vont aboutir aux angles du chef.

PAL, est une pièce honorable qui occupe perpendiculairement le tiers moyen de l'écu.

PALÉ, se dit de l'écu et des figures chargées de peaux.

PALISSÉ, se dit des pièces enclavées les unes dans les autres.

PALME, bordure de branches de palmier que les femmes mettent autour de l'écu de leurs armes.

PAMÉ, se dit du dauphin sans langue la hure ouverte.

PAPELONNÉ, se dit de lignes embréquées comme les tuiles d'un toit, ou des écailles.

PARLANTE, se dit des armes dont les figures sont en

rapport avec le nom. Comme la porte des de La Porte d'Alassac.

PART, se dit d'une pièce divisée de haut en bas en deux parties égales.

PARTITION, se dit des divisions régulières de l'écu.

PASSANT, se dit des animaux qui semblent marcher.

PASSÉ EN SAUTOIR, se dit des pièces qui sont mises en forme de croix de Saint-André.

PATTÉ, se dit des croix dont les extrémités s'élargissent en forme de base.

PATE NOTRE, est un chapelet ou dizaine de chapelet.

PENDANT, se dit des pièces qui pendent des lambels.

PENNON, est un étendard garni de plumes.

PERCÉ, se dit des pièces ouvertes à jour, comme le macle.

PÉRI, se dit des objets placés en sautoir en bande ou en croix.

PETIT GRIS, fourrure dont on a fait l'émail qui se nomme le vair et le manteau des magistrats.

PIGNONNÉ, se dit d'une muraille qui s'élève en forme d'escalier de tous côtés.

PILES, pointes renversées.

PLIÉ, se dit des oiseaux qui n'étendent pas leurs ailes.

PLUMETÉ, est le même que papelonné.

POINTE, tiers inférieur de l'écu.

POINT DU CHEF, partie moyenne du tiers supérieur de l'écu.

POMMETTÉ, se dit des croix et raies tournées en boules ou pommes.

POSÉ, se dit d'un animal arrêté sur ses pieds.

POTENCÉE, se dit des pièces terminées comme la lettre T.

PROFIL, se dit de la manière dont sont posés les casques des nouveaux annoblis; terme de dessin.

Q

QUARTIER, est une des parties de l'écu divisé en quatre. On le nomme franc quartier quand il est d'un émail autre que l'écu.

QUINTEFEUILLE, est une fleur de pervenche à cinq feuilles, percée en cœur au centre.

R

RAIE, sont des bâtons pommettés ou fleurdelisés que l'on place comme la roue d'une voiture autour d'un moyeu.

RACCOURCI, même sens qu'Alezé.

Ramé, est le même que chevillé pour les cornes du cerf.

Rampant, se dit du lion droit.

Rangé, se dit de plusieurs figures ordonnées sur une même ligne en chef, en fasce, en bande, etc.

Ravissant, se dit d'un loup portant sa proie.

Rayonnant, se dit du soleil et des étoiles ornées de rayons.

Recoupé, se dit des écus mi-coupés et recoupés un peu plus bas.

Recerclé, se dit de la queue en cerceau des lévriers.

Recroisetté, se dit des croix dont les branches sont d'autres croix.

Rempli, se dit des tonneaux qui semblent pleins d'un autre émail.

Rencontre, est la tête d'un animal dont on voit les deux yeux en face.

Retrait, se dit des pièces longues dont un des bouts ne touche pas le bord de l'écu.

Rompu, se dit des chevrons dont la pointe est coupée.

Rondache, ancien bouclier de forme ronde.

Rouant, se dit du paon qui étend sa queue.

Rustre, est un losange percé en rond, comme ceux qui servent à arrêter les clous à vis.

S

SABLE, l'un des huit émaux et des quatre couleurs des armoiries. Il se représente par le noir, *ou par une* double hachure perpendiculaire et horizontale.

SAILLANT, *se dit d'une chèvre ou d'un mouton en* pied.

SANGLÉ, *se dit d'un animal, qui a par le milieu du corps, une ceinture d'autre émail.*

SAUTOIR, *est une pièce honorable faite en croix de* Saint-André. *Son nom lui vient de ce qu'elle servait à* clore les passages ou sauts.

SELLÉ, se dit du cheval couvert d'une selle.

SEMÉ, *se dit des pièces dont l'écu est chargé de telle* façon, que quelques parties sortent par les extrémités de l'écu, et ne sont que partiellement représentées.

SENESTRE, côté gauche de l'écu.

SENESTRÉ, *se dit d'une pièce qui en a une autre à sa* gauche.

SINOPLE, l'un des huit émaux et des quatre couleurs du blason. Il se représente par le vert, ou par des hachures diagonales de gauche à droite.

SOMMÉ, *se dit d'une pièce qui en a une autre au-dessus d'elle.*

SOUTENU, *est le contraire de sommé.*

Sur le tout, se dit d'un écusson qui est au milieu d'une écartelure en abîme.

Sur le tout du tout, se dit d'une pièce posée sur le milieu d'un écusson qui s'ouvre lui-même une écartelure.

Sur écartelé, se dit d'un écu écartelé, dont les cartels sont écartelés à leur tour.

Surmonté, est le même que sommé.

Support, sont les pièces destinées à soutenir l'écu dans les armoiries.

T

Taillé, se dit de l'écu divisé diagonalement de gauche à droite en deux parties égales.

Terrasse, lieu plein d'herbes.

Tiercé, se dit de l'écu divisé en trois parties.

Tierce-feuille, feuille de trèfle à trois lobes.

Tenant, support de l'écu.

Tigé, se dit des palmes et fleurs qui ont une tige.

Timbre, couronnement de l'écu destiné à marquer le rang de la noblesse.

Tortil, est le diadème qui ceint la tête des barons. Il est formé d'un cercle avec des perles entortillées.

Tortillé, se dit d'une figure disposée en tortil.

Tourteaux, figures du blason qui représentent un pain rond.

Tirer, figure du blason qui représente une ligne.

Tranché, se dit de l'écu divisé diagonalement en deux parties égales de droite à gauche.

Trangle, figure du blason diminutif de la fasce posée en nombre impair.

Trèfle, plantes dont la feuille est trilobée.

Treillissé, est le fretté plus serré.

Thiare, coiffure pontificale.

Trescheur, figure de blason, rare, représentant une bordure de feuilles.

Trois, deux, un, se dit de six pièces disposées sur l'écu, trois en chef, deux en fasce et une en pointe.

Trois quarts, terme de dessin, se dit de la pose du casque des comtes, vicomtes, barons et chevaliers.

V

Vair, est une fourrure blanche et bleue d'un animal que les latins nomment varus; c'est l'un des huit émaux. Il se représente par des dés à coudre, d'argent et d'azur, ou par les hachures correspondantes.

Vairé, se dit des pièces chargées de vair.

Vanets, sont des coquilles dont on voit le creux.

VERGETTE, figure héraldique qui est un diminutif du pal.

VERGETTÉ, se dit de l'écu rempli de vergettes. Il en faut au moins dix.

VÊTU, se dit des espaces que touche un grand losange qui touche les quatre flancs de l'écu.

VIDÉ, se dit d'une pièce ouverte, au travers de laquelle on voit le champ.

VIRES, sont des anneaux passés les uns dans les autres.

VIROLÉ, qui a une virole d'émail différent.

VOL, sont deux ailes d'oiseau jointes, sans corps.

QUATRIÈME PARTIE.

ÉDITS, RÈGLEMENTS ET ORDONNANCES CONCERNANT LES ARMOIRIES.

LETTRES PATENTES DU ROI LOUIS XI, DU 17 JUIN 1487.

Le roi Charles VII, par ses lettres patentes données à Angers, après avoir fait entendre qu'excepté le salut de l'ame, rien n'est plus digne de l'homme que de travailler pour le bien public, que dans cette pensée plusieurs rois, princes, ducs, comtes, barons et autres nobles hommes avaient sacrifié leurs biens et leur vie, mais aussi que pour transmettre leur mémoire à la postérité, et pour se faire reconnaître dans les titres qu'ils avaient mérités par leurs faits vertueux et leur magnanimité, ils avaient pris des armes et enseignes militaires qui répondaient à ce qu'ils avaient eu de recommandable, lesquelles ils avaient transmises à leurs descendants, afin que par ce tableau de leurs belles

actions, leurs hoirs et leurs successeurs fussent plus
attentifs à suivre le chemin de la vertu, et à se rendre
dignes de leur extraction ; que cet usage reconnu de
tout le monde, avait été plus particulièrement attaché
à la nation française qui s'était tant de fois et si coura-
geusement signalée contre les infidèles, que le nom et
les armes des français seraient un honneur éternel, et
comme l'intention de Sa Majesté est de conserver cette
coutume, elle ordonne qu'il sera fait un catalogue dans
lequel toutes les armes des ducs, princes, comtes, barons, seigneurs, châtelains et autres nobles du royaume,
du pays de Dauphiné, du comté de Provence, et des
autres pays à elle appartenant, seront peintes et décrites. A l'effet de quoi elle crée maréchal d'armes des
français, Gilbert Chauveau, dit Bourbon, hérault d'armes du duc de bourbonnais et d'Auvergne, connétable
de France, avec plein pouvoir et autorité de peindre,
faire peindre et mettre en ordre en forme de catalogue,
les noms et les armes de tous les ducs, princes, comtes,
barons, seigneurs, châtelains et autres nobles, de toutes
les provinces baillages, sénéchaussées, prévôtés et autres juridictions des royaumes, pays du Dauphiné,
comté de Provence et autres pays à elle appartenant ;
et comme faute de connaissance de la science du blason,
plusieurs armes étaient fausses, Sa Majesté donne pouvoir au dit Bourbon de les voir et visiter, de les peindre
et faire peindre, et mettre en ordre dans le dit catalogue, chacune selon son degré, même de retrancher

ce qu'il trouvera répugnant à noblesse, aux dépens de ceux pour qui il les réformera, et enfin d'ajouter et suppléer dans les écus ou timbres tout ce qu'il trouvera y manquer. Afin que dorénavant ceux auxquels elles appartiendront puissent en jouir sans débat ni contrainte.

ÉDIT DU ROI CHARLES IX, DE 1560.

Art. 110. Ceux qui usurperont faussement et contre vérité, le nom et titre de noblesse, prendront ou porteront armoiries timbrées, seront mulctés d'amendes arbitraires.

ÉDIT DU ROI CHARLES IX, DE 1577.

Défense à toutes personnes, qui, ou leurs prédécesseurs, ne seraient de race noble ou n'auraient pas obtenu de lettres d'annoblissement, de prendre le titre, la qualité, ou les armes des nobles.

ÉDIT DU ROI HENRI III, DE 1579.

Nous voulons que l'ordonnance faite sur la remontrance des états tenus à Orléans, soit gardée contre ceux qui usurperaient faussement et contre vérité le titre de noble, prendraient le nom d'écuyer, et porteraient des armoiries timbrées, ordonnant qu'ils soient mulctés d'amendes arbitraires.

ÉDIT DU ROI HENRI III, DE 1583.

Défense à tous sujets, sinon à ceux qui sont de maison et race noble, ceux aussi ou leurs ancêtres qui ont obtenu des lettres d'annoblissement, d'usurper le titre de noblesse, ni de prendre le nom d'écuyer, ou de porter des armoiries timbrées, sous les peines portées par l'ordonnance des états de Blois.

DÉCLARATION DU ROI HENRI III, DE 1583.

. Il est requis par ceux de la noblesse qu'ils soient maintenus dans leurs priviléges et qu'aucuns ne prennent le nom et le titre de noblesse qu'ils ne soient issus de trois races nobles du côté des pères, qu'ils ne puissent porter armoiries timbrées; qu'il y ait différence entre les armoiries des légitimes et des bâtards, et que les dits bâtards ne puissent prendre le nom des familles dont ils sont issus sans y mettre quelque différence.

REMONTRANCES FAITES AU ROI, PAR LES ÉTATS DE PARIS,
EN 1614.

Sa Majesté est très-humblement suppliée : — 3° Que ceux qui par la licence du temps s'étaient injustement attribué la qualité de gentilshommes, et jouissent des priviléges de la noblesse, en soient déchus, et qu'aucun n'étant point noble puisse être admis dans le rang de la noblesse. Et qu'à cet effet, il soit dressé en registre fidèle des gentilshommes du royaume, du blason de leurs armes et des honneurs et antiquité de leur race. — 17e que nul annobli ne puisse prendre armoirie ni timbre qu'elles ne leur soient données de l'autorité de Votre Majesté. A l'effet de quoi, Sa Majesté établirait un juge d'armes, lequel dresserait un registre universel des familles nobles du royaume dont il décrirait le nom et les armes.

ÉDIT DU ROI LOUIS XIII, DE 1615.

Les députés de la noblesse du royaume, aux Etats généraux tenus en la ville de Paris, ayant remontré très-humblement au roi, que les nobles et illustres personnages qui désiraient anciennement faire montre de leur vertu, aux rencontres et batailles où ils se trouvaient pour le service de leur prince, afin d'être

mieux signalés dans la foule des combattants portaient
sur leurs armes certaines reconnaissances que leurs
enfants avaient toujours retenues et gardées pour leur
servir de titre de noblesse, de témoignage certain de la
valeur de leurs ancêtres, et de preuve infaillible à la
postérité de la conservation de leurs familles, desquelles
il était aisé par ce moyen de faire la distinction que
cette marque d'honneur et de gloire leur apportait
beaucoup d'aide et de secours dans les belles et géné-
reuses actions lorsqu'à la vue de ces mêmes marques
ils étaient invités à se rendre semblables à ceux desquels
ils avaient tiré leur origine et à ne point forligner ni
démentir leur race, que si toutes sortes de nations
avaient fait cas de ces signes de distinction, les gentilshommes français les avaient conservées en grande es-
time, et perçant autrefois jusque dans les déserts les
plus éloignés avaient eu recours à la mémoire et aux
armoiries de leurs ancêtres, se sentant par cette repré-
sentation forcés aux beaux exploits qui leur avaient
ouvert un chemin pour porter la gloire de leur nom
par toute la terre habitable, mais que comme toutes
les excellentes choses étaient portées à leur diminution
par la corruption des siècles, il était arrivé par la
licence des guerres, et par la tolérance des magistrats,
que plusieurs contrefaisant les nobles s'étaient donné
des armes la plupart faussement faites, et plus mal
blasonnées ; que d'autres voulant faire croire qu'ils
étaient d'une tige plus ancienne et plus illustre avaient

usurpé des armoiries et s'ingéraient de les porter sans droit, titre, ni mérite, de manière qu'on ne pouvait comme anciennement, distinguer par les armoiries l'aîné du puis-né, les descendants en droite ligne, des collatéraux, et le roturier du noble ; à quoi, voulant remédier, Sa Majesté crée en titre d'office un conseiller juge général d'armes et pour y être pourvu d'un gentilhomme d'ancienne race expert et bien connaissant au fait des armes et blason, et de ceux qui en pouvaient et en devaient porter, de simples ou timbrées et connaître des différents qui pour raison des dites armes naîtraient entre les particuliers. Sa Majesté voulant que dans la suite le dit juge général d'armes blasonnât les armes de ceux qu'elle honorerait du titre de noblesse, sans que les dites armes pussent être peintes au milieu des lettres qui en seraient expédiées qu'elles n'eussent été reçues et jugées par le juge général d'armes.

ARRÊTÉ DU ROI LOUIS XIII, DE 1661.

Tous ceux qui sans être nobles et sans titres valables auront pris la qualité de chevalier et d'écuyer avec armes timbrées ou qui auront usurpé le titre de noblesse, seront condamnés à deux mille livres d'amende.

ARRÊT DU CONSEIL DE 1669.

Sa Majesté s'étant proposé par la disposition de différents édits, déclarations, ou arrêts, de connaître les
véritables gentilshommes du royaume et d'en composer
des listes et catalogues, qui seraient mis dans sa bibliothèque et enregistrés dans les greffes des baillages et
autres juridictions ordonne par cet arrêt, que tous les
véritables gentilshommes de quelque qualité et condition
qu'ils soient, soient tenus de représenter leurs titres de
noblesse et leurs armes devant les commissaires, par elle
à ce députés, afin d'être compris dans les listes et catalogues qui seront par eux faits et dressés de ceux qu'ils
auront jugés être de la qualité requise pour être dé-
nommés dans les listes et catalogues qui seront envoyés
dans la bibliothèque royale de Sa Majesté, et registrés
dans les greffes des baillages, sénéchaussées et autres
juridictions, ou besoin sera pour y avoir recours.

———————

ÉDIT DU ROI LOUIS XIV, DE 1696.

Le roi Louis XIV étant persuadé que rien n'était plus
digne de la gloire du royaume, que de retrancher les
abus qui s'étaient glissés dans le port des armoiries, et
de prévenir ceux qui pourraient s'y introduire dans la
suite, s'étant aussi rappelé l'exemple de Charles VII, qui

par les lettres données à Angers le 17 de juin de l'an
1487, avait créé un maréchal d'armes, pour écrire,
faire peindre et blasonner dans des registres publics, le
nom et les armes de toutes les personnes qui avaient
droit de porter cette marque de distinction, et après
s'être fait représenter les remontrances faites au roi
Louis XIII en 1614, par la noblesse de France qui avait
supplié ce prince de faire faire une recherche de ceux
qui avaient usurpé des armoiries au préjudice de l'honneur et du rang des grandes maisons et anciennes
familles. Sur lesquelles remontrances, suivant les motifs
des ordonnances des rois Charles IX et Henri III, il avait
établi un juge d'arme pour dresser des registres univer-
sels dans lesquels il devait employer le nom et les armes
des personnes nobles lesquelles à cet effet seraient tenues
de fournir aux baillis et sénéchaux les blasons et les armes de leurs maisons pour être envoyées au juge d'armes. Mais tous les pourvus de cet office n'ayant pu par
le défaut d'autorité sur les baillis et sénéchaux former
des registres assez complets pour conserver le lustre des
armes de toutes les grandes et anciennes maisons et
faire connaître celles des autres personnes qui par leur
naissance, leurs charges, leurs services ou leurs emplois
étaient en droit d'en porter, Sa Majesté crut qu'il était
de la grandeur de son règne de mettre la dernière main
à un ouvrage qui n'avait été pour ainsi dire qu'ébauché
par les rois ses prédécesseurs, et à cet effet elle eut et
établit dans sa bonne ville de Paris une grande maîtrise

générale et souveraine, avec un armorial général ou dépôt public des armes et blason du royaume, ensemble le nombre des maîtrises particulières qu'elle jugera à propos.

ARRÊT DU CONSEIL DU 19 MARS 1698.

Tous ceux qui ont fait registrer leurs armes dans l'armorial général pourront les mettre sur leurs carrosses, vaisselle, et cachets.

ARRÊT DU CONSEIL DU 9 MARS 1706.

Le roi ayant supprimé la grande maîtrise créée pour la rédaction d'un armorial général, Sa Majesté ordonne que nul ne pourra porter des armoiries timbrées si elles n'ont été réglées par le sieur d'Hosier juge d'armes de France, et enregistrées à l'armorial général. Et qu'il ne sera expédié aucunes lettres tant de noblesse que de mutation de nom ou d'armes ou de concession d'armoiries, que les particuliers n'en aient obtenu l'acte de règlement du juge d'armes.

FIN DE LA CLEF DU BLASON.

AVANT-PROPOS.

Noble signifie connu, illustre[1]. L'histoire de la noblesse d'un pays, n'est autre que la biographie des
grands hommes qu'il a produits.

Les récompenses dues à l'illustration devaient être
différentes selon les mœurs des peuples, et elles l'ont
été. Charges de l'Etat, places réservées aux assemblées
publiques, tableaux, statues, chants des bardes, priviléges héréditaires ne sont que des expressions diverses
de la même pensée. Chez nous, depuis huit cents ans,
le droit héréditaire de porter des armoiries et de
joindre à son nom la qualité de gentilhomme a suffi
pour stimuler la généreuse ardeur de nos pères.

(†) *Nobilis de nosco.*

Lorsque au XIe siècle, les tournois et les croisades eurent fait naître la mode des armoiries, tout ce qu'il y avait de nobles en France, descendant des derniers conquérants, ou grands dignitaires de la couronne, gens portant le heaume et l'épée, s'empressèrent de prendre ou d'obtenir du souverain le droit de se faire peindre un blason et de l'étaler en signe d'honneur sur leurs boucliers, sur leurs cachets, sur la porte de leur donjon et jusque sur la place qu'ils occupaient à l'église; il n'y eut bientôt plus un seul gentilhomme qui ne possédât ses armoiries.

Lors de ce premier établissement, le goût de chacun entra sans doute pour beaucoup dans le choix des figures, mais peu à peu il se créa des usages, des règlements, des juges spéciaux, et le blason réglé par des lois telles que nous les avons exposées dans la première partie de ce livre, devint une page d'histoire, où dans une mystérieuse écriture se put lire ce que chaque héros avait fait pour la gloire de la patrie.

Au milieu des grands combats de nos anciennes guerres auxquelles tous les nobles prenaient part, aux croisades, aux guerres d'Angleterre, à celles du Milanais ou de Flandre, presque toute notre ancienne noblesse tomba. Il fallait des successeurs à ceux que moissonnait la mort; des récompenses aux nouveaux venus qui se dévouaient pour la patrie, les uns par l'étude, les autres par leur fortune, les autres par leur sang, et nos rois, à demi-évincés de leur trône, n'avaient que peu d'emplois et point de trésors à donner.

Récompense ambitionnée de tous, le titre de noble suffisait. Le roi donnait l'accolade, un coup de plat de sabre sur les épaules, un blason et un parchemin transmissible à toute la lignée, et chacun se trouvait assez heureux, assez grandement loti.

Quoi qu'en aient dit les historiens, cette grande confrérie de l'honneur, dont les ordres militaires ne sont qu'un mince débris, s'ouvrait à tous, même aux routiers et soldats d'aventure, quand la gloire les avait grandis. Ne l'a-t-on pas vue prendre la famille de Jeanne-d'Arc (du Lys) dans son sillon; celle de Jacques-Cœur derrière son comptoir; Séguier à son tribunal, et La Hire sur les grands chemins. Ceux qui ont voulu y voir un parti politique, ont pris l'effet pour la cause[1].

C'était un si grand honneur d'être noble, qu'en tout

(1) On distingua dans l'origine la noblesse d'épée, la noblesse de robe et la noblesse de cloche, suivant le motif d'anoblissement, mais cette distinction finit par disparaître.

temps, surtout aux époques d'ignorance, la noblesse eut beaucoup à souffrir des usurpateurs de faux titres, gens ambitieux et souvent tarés. Elle dut réclamer et réclama contre eux, comme réclame aujourd'hui à juste titre un légionnaire quand il voit un filou attacher un ruban rouge à sa boutonnière. Il n'y a pas encore cinq ans que le gouvernement a été obligé de publier une loi sur les titres, ce qui suffirait pour prouver que la noblesse a encore du prestige, si l'exemple de l'Empereur récompensant par cette faveur ses serviteurs les plus en renom, n'en était pas une preuve convaincante.

Il faut bien dire aussi que quelquefois l'ambition se mit parmi les nobles eux-mêmes. Soit qu'ils se crussent lésés dans leurs droits ou qu'ils le fussent, quelques-uns prirent, sans qu'il soit possible de le justifier, des titres de barons, comtes, marquis, etc., que leurs héritiers portent encore aujourd'hui. Ce point de l'histoire héraldique est le grand souci des généalogistes.

Pour ne pas susciter de conflits, la plupart des nobiliaires se contentent de donner la désignation des figures de l'écu pour chaque famille, sans se préoccuper des couronnes, supports, légendes et autres attributs variables qui accompagnent habituellement les armes. Nous avons fait comme eux. Cette façon d'agir a d'ailleurs peu d'inconvénient, si l'on considère que les hauts titres et leurs couronnes ne doivent être portés que par le chef de la famille titrée, descendant direct du personnage qui les a obtenus, et que tous les autres membres, voire même ses enfants, n'ont droit pendant sa vie qu'au simple écu de la race avec les attributs et l'appellation de chevaliers.

Je profiterai de cette occasion, pour rappeler pareillement que la particule *de* ne précède pas nécessairement un nom noble, elle exprime simplement une qualité d'occupation, et devient un non-sens lorsque l'anoblissement ne concède ni fief ni domaine territorial. La noblesse des charges et celle du dernier empire en sont généralement dépourvues.

Tous ces détails méritent d'être connus. C'est une face de l'histoire de notre nation. Les vicissitudes politiques sont le squelette de cette histoire, et celui-là n'a qu'une science incomplète qui n'a point embrassé dans ses recherches les diverses classes de la société.

Dans le petit travail qu'on va lire, en faisant un livre d'exercices qui pût servir à classer la grammaire héraldique, j'ai voulu lui donner plus d'attrait en le rattachant à ces grandes questions, c'est pourquoi après avoir pris aux divers âges de l'histoire quelques centaines de noms les plus illustres, j'ai joint à leurs

armoiries une courte nomenclature des grands hommes
que chaque famille a fournis.

Puisse ce travail, mis entre les mains des écoliers,
atteindre le but d'utilité que je me suis proposé en le
commençant.

LE LIVRE D'ARMES.

LE LIVRE D'ARMES

DES FAMILLES ILLUSTRES DE FRANCE.

A

Agoult (d'). D'or à un loup ravissant d'azur, armé et lampassé de gueules. (*Hist. des gr. officiers de la couronne. T. III. p. 277*).

Cette famille est originaire de Provence ; elle remonte à 1187. Son chef prit part à la troisième croisade. On remarque parmi ses descendants : Guillaume d'Agoult, gentilhomme et poète provençal, « excellent en savoir et en honnêteté, » qui mourut en 1281. Charles-Matthieu d'Agoult, évêque de Pamiers, conseiller de Louis XVI, et auteur de plusieurs ouvrages d'économie politique. Antoine d'Agoult, pair de France et maréchal de camp, s'attacha à la fortune de Louis XVIII et fit avec lui la campagne de France. Il mourut en 1828. Sa postérité n'est point éteinte.

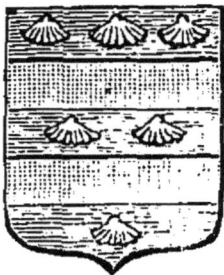

AGUESSEAU (d'). D'azur à deux fasces d'or, accompagnées de 6 coquilles d'argent, posées 3, 2 et 1. (*Hist. des gr. off. T. VI. p. 591*).

Famille de robe, originaire du Limousin et célèbre dès le XVI⁰ siècle.

Les d'Aguesseau ont fourni plusieurs magistrats remarquables, dont le plus célèbre est Henri-François, né à Limoges en 1668. Devenu avocat-général à Paris en 1691, il ne fut pas moins apprécié par la beauté de son caractère, que par l'éclat de ses talents. « Puis-je me reposer, avait-il coutume de dire, tandis que je sais qu'il y a des hommes qui souffrent? » Il devint chancelier de France sous la régence, et mourut en 1751. Henri d'Aguesseau, dernier du nom, fut, dit-on, un homme de bien, mais il resta beaucoup en arrière des talents de son père. Il vécut sous l'empire et la restauration, occupant un rang élevé dans le barreau, et mourut en 1826 sans laisser d'enfants mâles.

———

ALBERT DE LUYNES (d'). D'or au lion de gueules, armé, lampassé et couronné de mème. (*Hist. des gr. off. T. III. p. 252*).

Famille ancienne, et illustre de Florence. Les d'Albert remontent à 1349, et se fixèrent en France dans le Comtat Venaissin en 1540. Honoré de Luynes prit part à la conspiration de la Molle et Coconas sous Henri III.

Charles son fils, après avoir été page sous Henri IV, devint le favori de Louis XIII, qui le fit pair de France et grand fauconnier. Il s'empara de l'autorité sur l'esprit faible de ce prince, fit la guerre aux protestants et parvint à se faire nommer connétable. Son fils Louis, duc de Chevreuse, se distingua d'abord dans les armes, et se retira du service, pour se livrer à la piété. La duchesse de Chevreuse, sa mère, s'était rendue célèbre par ses intrigues et son attachement à la reine Anne d'Autriche. Charles-Philippe s'unit par mariage à la maison de Bourbon. Charles-Louis, duc de Chevreuse, et comte de Dunois, colonel général des dragons, fit les campagnes de 1734 et 1735. Cette famille existe encore ; elle a plusieurs branches.

———

ALBRET (d'). De gueules plein. (*Hist. des gr. officiers*).

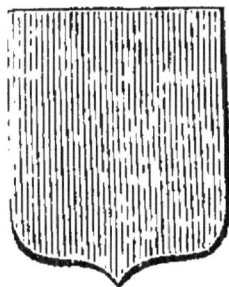

Une des plus nobles maisons de Gascogne, dont le chef est Armanjeu qui vivait en 1050, et dont les membres les plus connus sont : Arnaud-Armanjeu, sir d'Albret et vicomte de Tartas, qui épousa en 1368 Marguerite de Bourbon, belle-sœur du roi Charles V. Il assista à la bataille de Rosbec. Charles, fils du précédent, comte de Dreux et vicomte de Tartas, cousin de Charles VI par sa mère, fut connétable de France, et commanda l'avant-garde de l'armée française dans la fatale journée d'Azincourt, où il perdit la vie. Jean d'Albret, qui devint roi de Navarre en 1494 par son mariage avec Catherine de Foix. Jeanne d'Albret, fille de Henri II, roi de Navarre, qui fut mère de Henri IV. César-Phœbus d'Albret, comte de Miossens, qui devint maréchal de France en 1653. Le cardinal Louis d'Albret, qui passe pour avoir été savant et modeste. Charlotte d'Albret, qui épousa César Borgia, et vint mourir en Berry, dans un château près de la Châtre. La race d'Albret est éteinte depuis 1514.

—

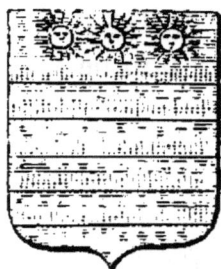

ALIGRE (d'). Burelé d'or et d'azur, de dix pièces au chef d'azur, chargé de 3 soleils d'or. (*Hist. des gr. off. T. III. p. 550*).

Le nom de cette famille s'écrivait autrefois d'Haligre. Son premier représentant connu est Etienne, originaire de Beauce, et chancelier de France en 1624. A peine avait-il occupé ce poste pendant deux années que Richelieu le fit exiler dans sa terre de la Rivière, où il mourut. Son fils, autre Etienne, fut également garde des sceaux, ambassadeur à Venise et chancelier. Michel d'Aligre, conseiller au parlement et maître des requêtes, fut gouverneur d'Alençon. Michel-César, marquis d'Aligre, fut maître de camp de cavalerie en 1757. La famille d'Aligre a occupé, jusque dans ces derniers temps, une place importante dans les affaires publiques.

—

AMBOISE (d'). pallé d'or et de gueules, de six pièces. (*G. de Genouillac, Recueil d'armoiries*).

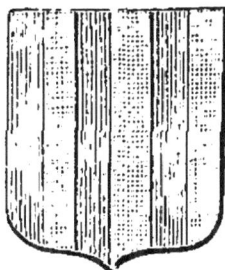

La famille d'Amboise, qui possédait la ville de ce nom en Touraine, commença à se rendre célèbre dans l'histoire en 1100. Elle a donné les branches de Berrie, de Chaumont, de Bussy et d'Aubijoux. Les plus remarquables de ses représentants sont : Ingelger qui fut fait prisonnier à la bataille de Poitiers. Louis, vicomte de Thouars, comte de Guines et de Marans, qui servit sous Charles VII, à la conquête de la Guyenne. Pierre, chambellan de Louis XI, et ambassadeur à Rome. Charles, seigneur de Chaumont, amiral de France, qui commanda l'avant-garde de l'armée française à la bataille d'Agnadel. Georges, cardinal d'Amboise, ministre sous Louis XII. Aimery qui devint grand maître de l'ordre de Saint-Jean de Jérusalem. Françoise d'Amboise, qui fut duchesse de Bretagne, et fondatrice de l'ordre des Carmélites. Cette illustre race s'éteignit en 1665.

—

ANGENNES (d'). De sable au sautoir d'argent. (*G. de Genouillac, Recueil d'armoiries*).

Cette famille est originaire de Normandie. Elle remonte à 1388. Regnaud d'Angennes, seigneur de Rambouillet, fut employé par Charles VI, dont il était chambellan, à plusieurs missions importantes. Jean d'Angennes, gouverneur du Dauphiné, assista comme ambassadeur au concile de Constance. Jacques d'Angennes, seigneur de Rambouillet, fut lieutenant-général des armées de Charles IX. Charles d'Angennes, cardinal de Rambouillet, assista au concile de Trente. Nicolas d'Angennes, capitaine des gardes, et chambellan d'Henri III, servit avec le sire de Rosny de médiateur entre ce prince et le roi de Navarre. Claude d'Angennes fut évêque de Noyon et pair de France. Louis d'Angennes, marquis de Maintenon, fut ambassadeur en Espagne vers 1580. Charles François d'Angennes fut gouverneur de Marie-Galande, et vendit son marquisat de Maintenon à Françoise d'Aubigné, dame d'atours de la Dauphine, vers 1679. Cette famille est aujourd'hui éteinte.

ANGLURE (d'). D'or, semé de grelots de gueules soutenus de même.

La tradition fait remonter cette famille jusqu'à un héros de la première croisade, qui reçut la liberté d'un chef musulman en récompense de sa fidélité à sa parole. La seigneurie d'Anglure est située en Champagne sur la rivière d'Aube. Jean d'Anglure, seigneur de Saint-Cheron et de Marchangy, servit sous Philippe-le-Bel, en ses guerres de Flandre. René d'Anglure, vicomte d'Estorge, se signala à la bataille de Pavie. Anne d'Anglure de Givry fut tué au siége de Laon en 1594. Plusieurs autres membres de cette famille se firent également remarquer dans les armes et dans l'Eglise.

—

ARGENTRÉ (d'). D'argent à la croix pattée et alaisée de gueules. (*G. de Genouillac, Recueil d'armoiries*).

Cette famille dont presque tous les membres se sont adonnés aux travaux de l'esprit, est originaire de Bretagne et remonte à 1060. Outre Bernard et Charles Duplessis d'Argentré qui fondèrent sa réputation, elle a donné à l'Eglise et aux lettres un grand nombre d'hommes distingués.

—

ARMAGNAC (d'). D'argent, au lion de gueules. (*Hist. des gr. off. T. III. p. 412*).

Cette famille, originaire de Gascogne, a joué un grand rôle dans l'histoire de France. Elle remonte au commencement du Xe siècle. Ses principaux membres sont : Bernard VII, chef de la faction dite des Armagnacs. Dans la querelle des maisons de Bourgogne et d'Orléans, qui désola la France pendant le règne de Charles VI, il prit le parti du duc d'Orléans, dont le fils était son gendre, et devint l'ame de cette faction, pénétra dans Paris, se fit nommer ministre, et s'empara de toute l'autorité. Il mourut massacré par ses ennemis. Jean V, d'abord favori de Louis XI, entra dans la ligue du Bien-Public, et résista les armes à la main dans Lectoure. Il s'était acquis une fâcheuse célébrité par son immoralité. Jacques duc de Némours qui avait épousé une cousine du roi Louis XI, entra également dans plusieurs conspirations contre ce prince; il fut condamné par le parlement et exécuté en public. Ses fils furent placés sous l'échafaud, pour recevoir sur leur tête le sang de leur père. Louis, fils du précédent, revint en faveur sous Charles VIII, et fit avec lui la campagne d'Italie, où il se distingua. Il mourut à Cérignole, en 1503. Avec lui s'éteignit la famille d'Armagnac.

—

ARPAJON (d'). De gueules à la harpe d'or. (Moreri, T. I).

Cette famille, originaire de Guyenne, remonte à 1268. Elle s'allia à la maison de France, et aux plus illustres du royaume. Ses membres les plus célèbres sont: Louis, duc d'Arpajon, marquis de Sévérac, comte de Rodez; qui fut chevalier des ordres du roi Louis XIII, gouverneur de Lorraine, général des armées et ministre d'Etat. Louis, marquis d'Arpajon, qui fut gouverneur du Berry, chevalier de Saint-Jean-de-Jérusalem, devint maréchal de camp en 1709, et assista au siége de Barcelonne, où il se couvrit de gloire.

AUBIGNÉ (d'). De gueules au lion d'hermine, armé, lampassé et couronné d'or. (*Hist. des gr. off.*)

Cette famille est originaire de Saintonge. Elle n'avait aucune célébrité avant Henri IV, sous lequel un de ses membres, Agrippa d'Aubigné, ne se distingua pa moins par sa plume que par son épée. Ce général fut le grand-père de la célèbre madame de Maintenon. Cette race est éteinte.

—

AUBUSSON LA FEUILLADE (d'). D'or à la croix ancrée de gueules, (*G. de Genouillac, Recueil d'armoiries*).

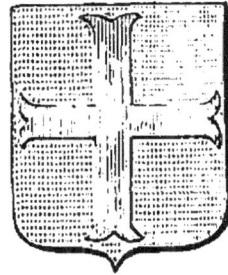

Les d'Aubusson sont originaires de la Marche. C'est une des maisons les plus illustres de France. Elle remonte à 1177. Ses membres les plus célèbres sont : Pierre d'Aubusson, surnommé le bouclier de l'Eglise, qui fut grand maître de Saint-Jean de Jérusalem. Ce fut lui qui soutint en 1480 ce fameux siége de Rodes, auquel Mahomet II employa 100,000 hommes. Aubusson Jean, seigneur de la Bornie, chambellan du roi Charles VII. Aubusson François, duc de la Feuillade, pair et maréchal de France, qui fut un des plus zélés serviteurs de Louis XIV, fit les campagnes de Flandre, servit avec Montécuculli contre les Turcs, et mourut gouverneur du Dauphiné en 1691. Louis vicomte d'Aubusson, son fils, fut également maréchal de France, et servit en Italie, mais il fut moins heureux que son père et se laissa battre par le prince Eugène.

—

AUMONT (d'). D'argent au chevron de gueules, accompagné de 7 merlettes de même, 4 en chef et 3 en pointe. (*Hist. des gr. off. T. III. p. 780*).

Famille noble et ancienne de Normandie, qui, pendant un grand nombre d'années, a été en possession de la charge de premier gentilhomme de la chambre du roi. Les personnages les plus connus de cette famille sont : Jean d'Aumont, maréchal de France, qui se distingua sous Henri III, et assista, sous Henri IV, à la bataille d'Ivri. Il mourut d'une blessure reçue au siége de Camper près de Rennes. Antoine d'Aumont, pair et maréchal de France, chevalier des ordres du roi, assista en 1628 au fameux siége de la Rochelle, en 1648 à la bataille de Lens, et en 1649 au passage de l'Escaut. Il commandait l'aile droite à la bataille de Réthel.

B

BALSAC (de). D'azur à trois sautoirs d'argent, au chef d'or à trois sautoirs d'azur. (*d'Hozier, Armorial, 4e Registre*).

Cette famille, qu'il ne faut pas confondre avec celle de l'écrivain du XVIIe siècle, ni avec celle du romancier moderne, est originaire d'Auvergne. Elle commença à briller sous Charles VII, et donna des comtes de Clermont, des barons de Dunes et dés seigneurs de Montagu et d'Entragues, qui s'allièrent aux familles les plus nobles du royaume et occupèrent constamment des charges à la cour jusqu'à l'extinction de leur race.

—

BARS (de). D'azur semé de croix d'or recroisettées, au pied fiché : l'écu chargé de deux bars d'or addossés. (*Hist. des gr. off. T. III. p. 507*).

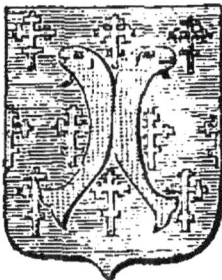

Cette famille, originaire de Lorraine, est une des plus illustres de France par ses alliances. Elle date de 958, ses représentants les plus illustres sont : Henri de Bars, qui se distingua à la bataille de Bovines et fit le voyage de Terre-Sainte, et le cardinal Louis de Bars, qui s'employa activement à apaiser les querelles des maisons d'Orléans et de Bourgogne. Il mourut en 1430.

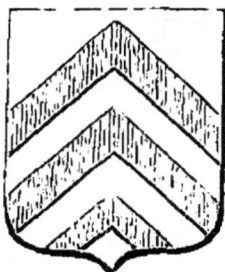

—

BASSOMPIERRE (de). D'argent à 3 chevrons de gueules. (*Hist. des gr. off. T. VI. p. 71*).

La famille de Bassompierre, originaire de Lorraine, remonte au XII° siècle. Le plus illustre de cette race est le célèbre maréchal de Bassompierre, qui vécut sous les règnes de Henri IV et de Louis XIII. Il a écrit des Mémoires pleins d'intérêts. Ses fils moururent sans postérité. La branche de Baudricourt a continué l'illustration de sa race.

—

BAYARD DU TERRAIL. D'azur au chef d'argent chargé d'un lion naissant de gueules; au filet d'or mis en bande.

Ancienne et noble maison du Dauphiné, dont sort le chevalier Bayard, sans peur et sans reproche, qui a donné le modèle de toutes les vertus chevaleresques. Pierre Bayard du Terrail, dont le père avait été blessé à la journée des Eperons, dont le grand-père était mort à la bataille de Montléri en 1465, et dont le bisaïeul avait succombé à Azincourt, fit ses premières armes à Fornoue sous Charles VIII. Il fut employé à la conquête de Milan par Louis XIII, combattit à Marignan près de François I, et fut mortellement blessé à Rebec en 1524. Le dernier de cette illustre race fut tué à la bataille de Gravelines, en 1644. Le nom du Terrail passa dès lors par alliance dans la maison d'Estaing.

—

BEAUFORT (de). D'argent à la bande d'azur accompagnée de 6 roses de gueules, 3 en chef et 3 en pointe. (*Hist. des gr. off. T. VI. p. 345*).

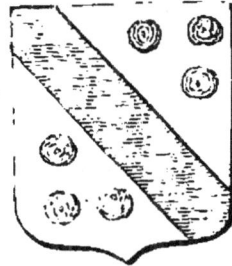

La famille Rogier de Beaufort est originaire du Limousin. Elle fut premièrement illustrée par Pierre Rogier, qui fut élu pape sous le nom de Clément VI, en 1342. Guillaume Rogier fut grand chambellan de Louis, roi de Sicile et de Jérusalem en 1351. Raymond-Louis de Beaufort est célèbre dans l'histoire par ses différends avec le pape Clément VII. Pierre de Beaufort, vicomte de Turenne, fut conseiller et chambellan du roi en 1439. Cette maison est éteinte.

—

BEAUFREMONT (de). Vairé d'or et de gueules. (*Hist. des gr. off. T. III. p. 735*).

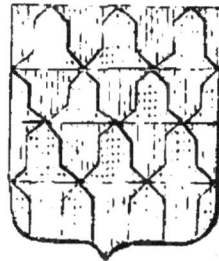

La maison de Beaufremont, l'une des plus considérables de Bourgogne, était en réputation dès 1314. On cite parmi ses membres : Claude de Beaufremont, qui fut évêque de Troyes. Autre Claude, lieutenant général de Bourgogne, qui assista aux Etats de Blois, et y prit la parole dans un remarquable discours. Henri de Beaufremont, qui présida en 1614 aux Etats généraux de France. Charles-Louis, marquis de Listhenois, qui fut grand d'Espagne, chevalier de la Toison d'or et général de bataille.

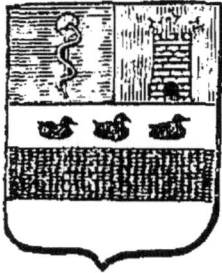

———

BEAUHARNAIS (de). Coupé d'argent et parti au chef d'azur et de gueules : l'azur à un miroir d'or en pal après lequel se tortille et se mire un serpent d'argent ; le gueules à la tour d'argent alezée, crenelée, ouverte et maçonnée de sable, surmontée de 3 étoiles d'argent posées en comble ; l'argent à la fasce de sable surmontée de trois merlettes de même en fasce.

Cette famille est originaire de l'Orléanais. Elle commença à devenir célèbre par le général Alexandre de Beauharnais, né à la Martinique, député aux Etats généraux, général sous la république, et mis à mort à cause de son titre de noble en 1794. Sa veuve, Joséphine Tascher de la Pagerie, épousa Napoléon. Eugène de Beauharnais, fils du précédent, fut appelé à jouer un grand rôle, quand Bonaparte eut épousé sa mère. Il devint général, prince et vice-roi d'Italie. Il avait épousé la fille du roi de Bavière, et sa postérité se continue sous le nom de prince de Leuchtemberg. Hortense, sœur d'Eugène, devint, par son mariage avec Louis Bonaparte, reine de Hollande, et mère de l'Empereur actuel des Français.

———

BEAUJEU (de). D'or au lion de sable armé de gueules et chargé d'un lambel de cinq pendants de même. (*Borel d'Hautérive, Revue de la noblesse*).

La maison de Beaujeu, depuis longtemps éteinte, appartient au Lyonnais. Ses origines, assez obscures, remontent au XIᵉ siècle. Guichard, sire de Beaujeu, fut envoyé en ambassade à Rome près du pape Innocent III, par Philippe-Auguste en 1210. Humbert V, sire de Beaujeu, connétable de France, servit le roi Philippe-Auguste, et Louis VII son fils, en la guerre des Albigeois; il accompagna Beaudoin II de Courtenai, empereur de Constantinople, et assista à son couronnement en 1239. Guichard de Beaujeu fut ambassadeur en Angleterre, et y mourut en 1265. Humbert de Beaujeu d'Aigueperse accompagna saint Louis en Egypte, et se signala à la bataille de la Massoure en 1250. Guillaume de Beaujeu fut grand maître des Templiers en 1288. Il fut tué à la prise d'Antioche.

———

BEAUMANOIR (de). D'azur à 11 billettes d'argent posées 4, 3, 4. (*Hist. des gr. off. T. VII. p. 371*).

Parmi les familles de Bretagne, il en est peu de plus célèbre que celle-ci. Elle remonte à 1202. Jean III de Beaumanoir fut un des héros du fameux combat de Trente, en 1351. Jean IV accompagna Duguesclin et Olivier de Clisson dans leurs guerres et s'y distingua. Jean, marquis de Négrepelisse, embrassa d'abord le parti des Huguenots, puis devint maréchal de France, gouverneur du Poitou, et mourut en 1614.

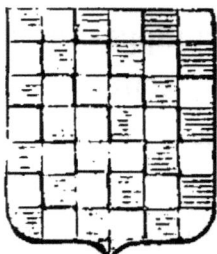

—

BEAUMONT (de). Echiqueté d'argent et d'azur. (*G. de Genouillac, Recueil d'armoiries*).

Il existe un très-grand nombre de familles de ce nom. Celle de Dauphiné, dont il est ici question, est surtout remarquable par l'ancienneté de sa race et par le grand nombre de branches illustres qui sont sorties d'elle. En effet, outre les Beaumont de Lafreyte, on cite les Beaumont des Adrets, d'Autichamp, de Pelafol, de Pompignan de Montfort, de Saint-Quentin, de Villeneuve, de Verneuil et de Payrac, qui tous sont encore ou ont été des plus notables du royaume. Le marquis Charles-Joseph de Beaumont d'Autichamp est remarquable par la résistance qu'il opposa aux idées révolutionnaires pendant les troubles de la Vendée.

BEAUPOIL DE SAINT-AULAIRE (de). De
gueules à trois accouples de chiens
d'argent dressées en pal, posées 2 et 1.

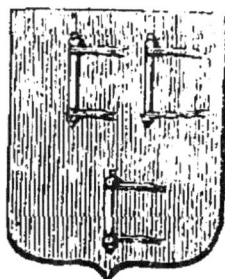

Cette famille est originaire du Limousin et commence à paraître dans
l'histoire par Julien de Beaupoil, qui
fut écuyer de Charles VII. Jean de Beaupoil fut maître-
d'hôtel de François I, qu'il suivit en Italie, et reçut une
blessure à Pavie. Germain de Beaupoil de Saint-Aulaire se signala à la bataille de Moncontour. Louis de
Beaupoil fut grand échanson de France en 1702. Louis
de Beaupoil, maréchal de camp, fut tué au combat de
Rumersheins en 1709. Martial de Beaupoil, évêque de
Poitiers au moment de la révolution, protesta énergique-
ment contre la constitution civile du clergé. Le ministre
de Saint-Aulaire a été longtemps ambassadeur du roi
Louis-Philippe en Angleterre, et s'y est fait remarquer
par son zèle. Cette famille est encore très-honorablement représentée.

BAUVAU (de). D'argent à quatre lionceaux de gueules, armés, lampassés
et couronnés d'or. (G. de Genouillac,
Recueil d'armoiries).

Cette maison illustre est originaire
d'Anjou. Elle remonte à 1200. Le nom-
bre des personnages historiques qu'elle a produits est
considérable. René, l'un d'eux, accompagna le frère de

saint Louis dans son expédition de Naples et devint
connétable. Pierre fut sénéchal d'Anjou et de Provence,
et ambassadeur de Louis III, en Sicile pour traiter de
son mariage avec Marguerite de Savoie. Jean fût conseiller et chambellan du roi Louis XI. Henri voyagea en
Europe, en Asie et en Afrique et publia une relation de
ses voyages. Louis mourut à Ypres, en donnant des
preuves du plus grand courage en 1744. Cette famille
a plusieurs branches.

—

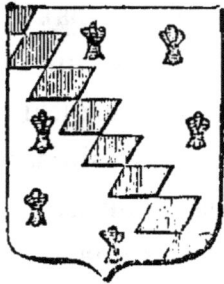

BELLAY (du). D'argent à la bande
de fusées accostées et accolées de
gueules, accompagnées de six fleurs de
lys d'azur en orle. (*G. de Genouillac,
Recueil d'armoiries*).

La maison du Bellay est considéra-
ble, non-seulement par les grands hommes qu'elle a
produits, par les dignités qu'ils ont possédées et les
services qu'ils ont rendus à l'Etat, mais encore par son
ancienneté. Elle date de 1045. Ses principaux membres sont : Girault qui fut favori de Louis-le-Jeune et
sénéchal du Poitou. Guillaume, un des plus braves généraux de François I. Jean, cardinal et homme d'état,
ambassadeur près de Henri VIII. On a de lui des poésies.
Joachim également poète, cousin des précédents, né
en 1525, fut surnommé l'*Ovide Français*. Il fut avec
Ronsard un de ceux qui tentèrent de régénérer notre
poésie.

BELZUNCE (de). Ecartelé : au 1 et 4 d'or à deux vaches de gueules clarinées d'azur, 2 et 3 d'argent à une hydre à 7 têtes de sinople dont une coupée. (*G. Genouillac, Recueil d'armories*).

Maison ancienne et illustre de Navarre. Elle remonte à 1154. Vers l'an 1407, dit la tradition, Gaston-Armand de Belzunce délivra la ville de Bayonne d'un dragon monstreux qui ravageait les environs. Jean III de Belzunce fut au nombre des gentilshommes de la chambre de François I. Jean IV fut honoré par le roi de Navarre, Henri, devenu souverain de France, des distinctions les plus flatteuses. Enfin, Henri-François, évêque de Marseille, se distingua par un zèle et une charité à toute épreuve dans la peste qui désola Marseille pendant les années 1720 et 1721.

———

BÉTHUNE (de). D'argent à la fasce de gueules.

Originaire d'Artois, la famille Béthune remonte à 1245. On cite parmi ses membres Jean de Béthune, qui mourut à la journée d'Azincourt. Maximilien de Béthune, qui fut le célèbre Sully. Philippe de Béthune ambassadeur à Rome, en Ecosse et en Savoie. Hypolite de Béthune, qui suivit Louis XIII dans ses principales expéditions et légua à la bibliothè-

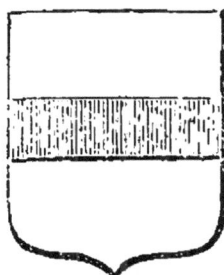

que royale 2500 manuscrits. Armand de Béthune, qui se fit un nom comme philanthrope sous Louis XVI. Cette famille s'est divisée en plusieurs branches, dont les principales sont celles et de Charost et de Selles.

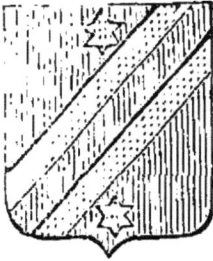

—

BONAPARTE (de). De gueules à deux barres d'or accompagnées de deux étoiles de même, l'une en chef et l'autre en pointe. (*Borel d'Hauterive, Revue de la noblesse, T. I*).

Cette famille noble, originaire d'Italie, remonte au XIIIe siècle ; un de ses chefs se fixa en Corse vers 1612, et y vécut obscurément jusqu'au siècle dernier. Charles Bonaparte, juge à Ajaccio, et qui fut député de la noblesse, avait épousé en 1767 Lætitia Ramolino. Il en eut huit enfants qui presque tous ont porté des couronnes : Joseph, qui fut roi de Naples. Napoléon, né en 1769, mort en 1821, qui fut empereur des Français, et couvrit l'Europe de sa gloire. Lucien, qui fut prince de Canino, après avoir présidé le conseil des 500. Elisa, grande duchesse de Toscane. Louis, qui fut roi de Hollande, et dont l'Empereur actuel des Français est le fils. Pauline, qui fut duchesse Borghèse. Caroline, qui épousa le prince Murat, depuis roi de Naples. Jérôme, qui fut roi de Vestphalie, et père du prince Charles Napoléon. Aucun genre de gloire ne manque à cette famille, qui compte aujourd'hui parmi les races princières. L'empereur actuel (Charles-

Louis), Napoléon III, est né le 20 avril 1808 du mariage de Louis Bonaparte et de Hortense de Beauharnais; il a épousé, le 29 janvier 1853, Eugénie de Gusman de Montijo, d'une noble famille espagnole. De ce mariage est issu, le 16 mars 1856, Eugène-Louis-Jean-Joseph-Napoléon, prince impérial.

—

BONNEVAL (de). D'azur à un lion d'or armé et lampassé de gueules. (*Moreri T. II*).

On disait anciennement en Limousin : « Richesse d'Escar, noblesse de Bonneval. » Cette maison qui date de 1053, a toujours contracté des alliances avec les meilleures familles de France et plusieurs familles souveraines de l'Europe. On trouve parmi ses membres illustres : Claude comte de Bonneval, né en 1675, qui après avoir servi avec distinction dans la marine française sous Tourville, et dans l'armée de terre sous Catinat, passa au service de l'Autriche, et finit par se réfugier en Turquie, où il fut fait pacha et s'acquit une grande célébrité. Il mourut en 1747. On a publié sous son nom des mémoires qui ne sont pas authentiques.

—

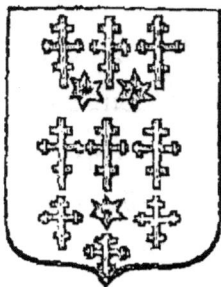

BOUFLERS (de). D'argent à trois molettes à 6 raies de gueules posées 2 et 1 et accompagnées de neuf croisettes, recroisettées de même, 3 en chef, 3 en fasce et 3 en pointe; ces 3 dernières posées 2 et 1. (*Hist. des gr. off. T. V. p. 69*).

Il existe peu de familles en Picardie d'une noblesse aussi ancienne et aussi célèbre que celle de Bouflers. On suit sa généalogie depuis 1150. Elle a donné : Aleaume fait prisonnier à Azincourt. Pierre, député de Bourgogne au traité d'Arras ; Jacques, qui se couvrit de gloire au combat de Guinegates ; Adrien, qui se distingua à la bataille de Pavie ; Louis-François, maréchal de France, élève de Condé et de Turenne, qui défendit Namur et Lille, et sauva l'armée après la défaite de Malplaquet ; Stanislas, célèbre par son esprit, qui fut gouverneur du Sénégal, membre de l'académie, et député aux Etats généraux de 1787. Il est connu sous le nom d'abbé, parce que dans sa jeunesse il avait été destiné à l'Eglise.

—

BOURDEILLES DE BRANTOME (de). D'or à deux pattes de griffon de gueules, onglées d'azur posées en pal.

Cette illustre maison de Guyenne commença à briller dès le XI° siècle. Hélie V de Bourdeilles avait accompagné saint Louis à Damiette; un autre Hélie, cardinal archevêque de Tours en 1483, entra dans l'ordre de Saint-François, et s'y distingua par sa piété. Pierre, qui vivait sur la fin du XVIe siècle, passa sa vie à voyager et à écrire. C'est un de nos chroniqueurs les plus curieux. Claude, son neveu, se rendit célèbre par ses connaissances; il est connu sous le nom de Montresor, et s'occupa quelque peu de politique sous Richelieu.

— ·

BRANCAS (de). Ecartelé : au 1 et 4 d'azur au pal d'argent chargé de 3 tours crénelées de gueules et accompagnées de 4 pattes de lion affrontées, d'or mouvantes des deux flancs de l'écu; au 2 et 3 de gueules à la croix de Toulouse d'or. (*Hist. des gr. off. T. V. p.* 277).

Cette famille, originaire de Naples, s'est établie en France au XVe siècle. Les Brancas de France ont formé deux branches, celle des Forcalquier-Brancas, et celle de Villars-Brancas. Les membres les plus distingués de cette race furent : André, généralement connu sous le nom d'amiral de Villars, qui se jeta dans la ligue des Espagnols, voulut se faire de la Normandie une seigneurie, et ne se soumit qu'après l'abjuration de Henri IV en 1594. Henri-Ignace, qui fut évêque de Lisieux ; Jean-Antoine, qui fut évêque de la Rochelle; Louis, dit le marquis de Brancas, qui fut chevalier de la Toison d'or, grand d'Espagne, combattit une grande partie de sa vie en Espagne, fut maréchal de France, et mourut gouverneur de Nantes en 1715. Louis de Brancas, marquis de Ceireste, qui servit sous Louis XV, et fut également maréchal de France. La branche aînée de cette maison s'est éteinte, mais la branche cadette subsiste encore.

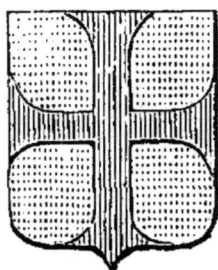

———

BRIENNE (de). D'or, à une croix de gueules pattée.

Cette famille, qui est originaire de Champagne, a produit un roi de Sicile (Gauthier); un empereur de Constantinople, roi de Jérusalem (Jean); trois connétables de France, et plusieurs grands-officiers de la couronne. Elle comprenait plusieurs branches : celle des comtes d'Eu, celle des vicomtes de Beaumont, dans le Maine, et celle des seigneurs de Rameau.

———

BROGLIE (de). D'or au sautoir ancré d'azur. (B. d'Hauterive, Revue hist. de la noblesse. T. II).

Originaire d'Italie, cette famille ne s'est établie en France que vers 1635. Un de Broglie servit sous Mazarin, et devint maréchal de camp. Le comte Victor-Maurice se distingua à Seneff, et mérita les éloges de Mme de Sévigné. François-Marie se signala à Denain, à Fribourg, fut fait maréchal et créé duc. Victor-François, qui fut également maréchal, se distingua dans la guerre de Louis XIV contre les Prussiens. Victor-Claude, député aux États généraux, périt dans la tourmente révolutionnaire. Le représentant actuel de cette maison est un écrivain distingué.

———

BROSSE (de). D'azur à 3 gerbes ou brosses d'or liées de gueules. (*Hist. des gr. off. T. V. p. 567*).

Cette famille est originaire du Berry. Jean de Brosse est le premier de ses membres qui se distingua. Il vivait sous Charles VII, dont il fut conseiller et chambellan. Les branches de Boussac et celles de Malleval sont également célèbres.

———

BUEIL (du). D'azur au croissant montant d'argent, accompagné de six croix recroisettées, au pied fiché d'or. (*Hist. des gr. off. T. VII. p. 847.*)

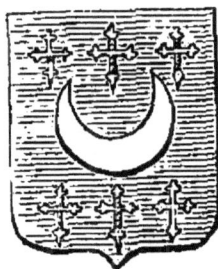

Cette famille, originaire de Touraine, commença à s'illustrer sous Charles VII, dans la personne de Jean du Bueil, comte de Sancerre, amiral de France, surnommé le fléau des Anglais, qui passa sa vie à délivrer le pays des enne-

mis du roi. — Antoine, sire du Bueil, comte de Sancerre, fut chambellan et frère d'armes de Charles VIII.
Charles de Sancerre fut tué à la bataille de Marignan,
en 1515. Louis de Bueil, comte de Sancerre, fut grand
bouteillier et grand échanson de France. Son fils Jean,
et son petit-fils René, lui succédèrent dans cet emploi. Claude du Bueil rendit de grands services à
Henri IV, pendant les guerres de religion. Louis
du Bueil était conseiller d'état et maréchal de camp,
en 1597. Le poète Racan est sorti de cette famille.

C

CADIER DE VEAUCE (de). Écartelé, au
1 et 4 d'azur au massacre de cerf ramé
de dix cors d'argent, et au 2 et 3 de
gueules semé de fleurs de lys d'argent.
(*B. d'Hauterive, Revue de la noblesse.*
T. IV).

La famille de Cadier, originaire du Bourbonnais,
était déjà illustre au onzième siècle. C'est la plus ancienne de la ville de Moulins. Dès le treizième siècle,
elle commença à unir les emplois militaires aux charges de la magistrature et de la diplomatie. Elle compte
des alliances dans toutes les maisons nobles du pays.

CARDAILLAC (de). De gueules au lion d'argent, armé, lampassé et couronné d'or, entouré de 13 besans d'argent en orle. (*G. de Genouillac, Recueil d'armoiries*).

Ancienne maison du Quercy, qui subsiste encore. Bertrand de Cardaillac donna des preuves de son courage, dans la guerre des Albigeois. Guillaume de Cardaillac, évêque de Saint-Papoul, mourut en odeur de sainteté vers 1347. Jean de Cardaillac professa le droit à Toulouse, devint patriarche d'Alexandrie, et administrateur perpétuel de l'archevêché de Toulouse. Il donna des preuves éclatantes de son dévouement dans les guerres contre les Anglais. Il mourut en 1390.

CAUMONT DE LAUZUN (de). Tiercé et bandé d'or, de gueules et d'azur. (*Hist. des gr. off. T. III. p. 477*).

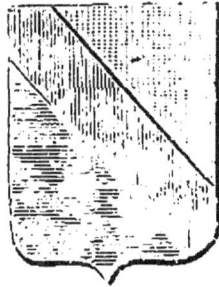

Famille originaire de Gascogne. Elle commence à paraître en 1570. Le plus célèbre de cette race est Antoine-Nompar de Caumont, duc de Lauzun, favori de Louis XIV, célèbre par ses succès à la cour. Il passe pour avoir épousé secrètement la duchesse de Montpensier, petite-fille de Henri IV, et passa une partie de sa vie dans la prison de Pignerolles. Après quoi, il revint à la cour, à la suite de la famille de Jacques II d'Angleterre.

CHABANNES (de). De gueules au lion d'hermine, armé, couronné et lampassé d'or. (*Hist. des gr. off. T. VIII. p. 129*).

Cette famille, l'une des plus illustres du Bourbonnais, a fourni à la France plusieurs grands généraux. Elle date du XIIIᵉ siècle. Robert de Chabannes mourut à la journée d'Azincourt, en 1415. Jacques de Chabannes, seigneur de la Palisse, sénéchal de Toulouse, prit part à toutes les expéditions du règne de Charles VII. Jacques de Chabannes, seigneur de la Palisse, maréchal de France, servit sous Louis XII et François Iᵉʳ, en Italie; se trouva à la bataille de Marignan, à la journée de la Bicoque, secourut Fontarabie, fit lever le siège de Marseille, et mourut glorieusement à la bataille de Pavie, en 1525. Gilbert de Chabannes, chevalier de Saint-Louis, se trouva à la bataille de Spire, en 1703, et contribua beaucoup au gain de cette bataille, ce qui lui valut l'honneur d'être fait maréchal de camp. Cette famille existe encore.

—

CHABOT (de). D'or à trois chabots de gueules. (*Hist. des gr. off. T. III. p. 557.*)

Maison ancienne du Poitou, connue depuis Guillaume Chabot, qui vivait l'an 1040. Ithier Chabot fut évêque de Limoges en 1052. Sebran Chabot fit le voyage de Jéru-

salem en 1150 ; il fut père d'un autre Sebran, évêque
de Limoges. Gérard Chabot, baron de Retz, assista à la
bataille d'Aurai, en 1364. Philippe de Chabot, seigneur de Brion, amiral de France, combattit en Piémont sous François Ier, et ne fut récompensé que par
l'ingratitude. Léonard de Chabot, comte de Charny,
gouverneur de Bourgogne, se rendit célèbre en refu-
sant d'exécuter les ordres sanguinaires qui lui furent
donnés, lors de la Saint-Barthélémy.

—

CHATEAUBRIANT (de). De gueules
semé de fleurs de lys d'or, sans
nombre.

Très-ancienne maison de Bretagne.
Les Chateaubriant ont commencé à se
rendre illustres dès le XIIIe siècle. Philippe de Chateaubriant, chevalier de l'ordre du roi, et
gouverneur de Fontenai-le-Comte, rendit de grands
services à Henri III et à Henri IV, pendant les guerres
civiles. Gabriel de Chateaubriant fut lieutenant-général
des armées. Jean de Laval, comte de Chateaubriant,
eut pour femme Françoise de Foix, sœur du fameux
Lautrec, et qui fut une des plus belles femmes de son
temps. René-Auguste, vicomte de Chateaubriant, a été
pendant la restauration le premier des écrivains français. Il est regardé, avec raison, comme l'auteur de la
réaction littéraire qui eut lieu de son temps contre les
formes compassées et par trop classiques de l'Empire.

Il s'est occupé de politique avec assez peu de succès, mais il a laissé dans les lettres une réputation immortelle.

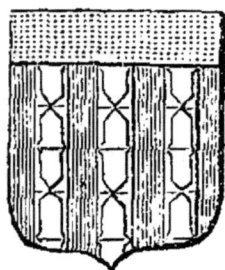

—

CHATILLON (de). De gueules à 3 pals de vair au chef d'or. (*Hist. des gr. off. T. VI. p. 53*).

Ce nom est porté par plusieurs familles dont la plus illustre est originaire de Champagne et remonte au XI° siècle. Gaucher de Chatillon suivit le roi Philippe-Auguste en Terre-Sainte, et se signala au siége d'Acre en 1191. Guy de Chatillon fut tué au siége d'Avignon en 1226, pendant la guerre des Albigeois. Un autre Gaucher de Chatillon suivit S. Louis en Egypte et se signala au siége de Damiette en 1248. Jean de Chatillon, comte de Blois, fut tuteur des enfants du roi Philippe-le-Hardi. Charles de Chatillon et de Blois, comte de Penthièvre, épousa la duchesse de Bretagne Jeanne, en 1337. Jean de Chatillon, de Blois, comte de Penthièvre, vicomte de Limoges, demeura prisonnier en Angleterre pendant trente-six ans. Guy de Chatillon de Saint-Paul, passa sa vie au service de Philippe-le-Bel et fut un de ses exécuteurs testamentaires. Gaucher, qui fut créé par le même prince connétable de Champagne. Jacques, seigneur de Dampierre, fut chambellan du roi et amiral de France en 1405. Cette famille est maintenant éteinte.

—

CHATRE (de la). De gueules, à la croix ancrée de vair. (*B. d'Hauterive, Revue de la noblesse T. IV*).

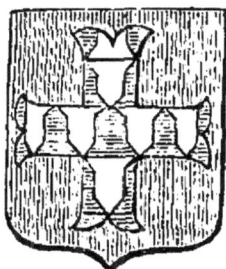

La maison de la Châtre, l'une des plus distinguées du Berry, par les grands hommes qu'elle a produits, n'est pas moins illustre par l'antiquité de son origine. Elle a donné deux maréchaux de France, deux fauconniers, cinq capitaines des gardes du corps, un gouverneur des enfants de France et plusieurs conseillers, chambellans et gentilshommes de nos rois.

———

CHAUVIGNY (de). D'argent à cinq fusées de gueules, posées en fasces.

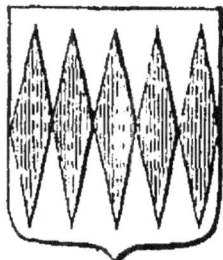

Cette maison de très-ancienne noblesse et originaire du Poitou est depuis très-longtemps éteinte. André de Chauvigny, un des plus braves chevaliers de la croisade de Philippe-Auguste, avait mérité parmi les Sarrasins le surnom de brave des braves. Gui de Chauvigny seigneur de Brosse fut armé chevalier par Duguesclin, et se joignit à lui pour combattre les Anglais. Cette famille s'éteignit vers 1480.

———

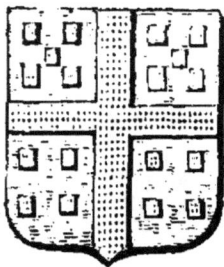

CHOISEUL (de). D'azur à la croix d'or, cantonnée de dix-huit billettes de même ; cinq posées en sautoir dans chaque canton du chef et quatre posées en carré dans chaque canton de la pointe. (*Moreri, T. III*).

Cette maison est une des plus grandes, et des plus anciennes de Champagne. Elle remonte à Raynier Choiseul, qui vivait en l'an 1060. Ses plus illustres membres sont : Charles de Choiseul, comte du Plessis-Praslin, qui servit sous Henri IV et Louis XIII et devint maréchal de France ; César, qui défit à Rethel Turenne alors chef des troupes espagnoles ; Claude qui se distingua au combat de Senef contre les Hollandais ; Etienne-François pair de France, ministre des Affaires étrangères et maréchal sous Louis XV, qui l'employa dans plusieurs ambassades. On a publié des mémoires sous son nom. Marie-Laurent de Choiseul-Gouffier, qui fut ambassadeur à Constantinople, se retira en Russie pendant la révolution, et a publié un ouvrage important sur la Grèce.

—

CLERMONT-TONNERRE (de). De gueules, à deux clefs d'argent en sautoir. (*G. de Genouillac, Recueil d'armoiries*).

La maison de Clermont-Tonnerre, originaire du Dauphiné, remonte au XIIe siècle. Cette famille s'est divisée en plusieurs branches qui sont : Clermont-Tonnerre, Clermont-Thoury, Clermont-Montoison, Clermont-Mont-Saint-Jean. Les principaux de ses membres sont : François de Clermont-Tonnerre, évêque et comte de Noyon, membre de l'académie française en 1694 ; Gaspard de Clermont-Tonnerre, qui commanda à la bataille de Fontenoy, et fut maréchal de France en 1778 ; Stanislas, comte de Clermont-Tonnerre, député de la noblesse aux États généraux qui périt victime de ses opinions monarchiques à la journée du 10 août 1792.

—

CLISSON (de). De gueules au lion d'argent armé, lampassé et couronné d'or.

Cette famille éteinte aujourd'hui était originaire de Bretagne. Le plus illustre de ses représentants était le le connétable Olivier de Clisson, qui servit sous Charles VI, devint ami de Duguesclin, et aida ce héros à détruire les grandes compagnies qui ravageaient le royaume. Il contribua puissamment à la victoire de Rosebecque. Privé de la charge en 1392, il mourut en 1407, après avoir terni sa gloire par sa cruauté.

—

Coétivi (de). Fascé d'or et de sable. *(Hist. des gr. off. T. III. p. 171).*

Cette famille est originaire de Bretagne. Elle remonte à 1212. Elle a fourni Prégent de Coétivi amiral de France sous Charles VII, qu'il servit avec dévouement jusqu'à sa mort. Alain de Coétivi cardinal, évêque de Dol en 1438, et plusieurs autres remarquables guerriers et gens d'Eglise.

—

Coetlogon (de). De gueules à trois écussons d'argent semés d'hermine.

Cette famille est originaire de Bretagne. Elle a donné : François de Coetlogon, gentilhomme de la chambre de Charles IX. Olivier de Coetlogon, premier président de la chambre des comptes de Bretagne en 1460. Gilles, chambellan de Louis XII. Alain-Emmanuel, maréchal et vice-amiral de France, servit avec éclat dans la marine pendant tout le règne de Louis XIV, et fut gouverneur de l'Amérique Française. Cette famille existe encore.

—

Colbert (de). D'or à la couleuvre d'azur.

Famille originaire de Champagne. Elle remonte au XIII° siècle. Les membres illustres de cette famille sont : Jean-Baptiste Colbert, marquis de Seignelay, qui fut contrôleur-général des finances sous Louis XIV, et se rendit célèbre par les importantes réformes qui furent opérées sous son ministère. Charles-Joachim Colbert, évêque de Montpellier en 1697. Charles Colbert, qui fut embassadeur à la paix de Nimègue. Edouard, qui fut lieutenant-général des armées de Louis XIV. Jean-Michel, qui fut archevêque de Toulouse, et plusieurs autres grands officiers, dont la lignée subsiste encore.

—

COMBORN (de). De gueules à deux lions léopardés d'or.

Famille la plus ancienne du Limousin, qui a été l'origine de plusieurs branches célèbres. L'histoire de cette maison se confond avec celle de la province, jusqu'à Jean, seigneur de Treignac, qui fut chambellan de Charles VII. Elle a fourni un nombre considérable d'évêques, de chevaliers, de capitaines et d'alliances illustres.

—

COLIGNI (de). De gueules à l'aigle d'argent becqué, membré, et couronné d'azur.

On fait remonter la maison de Coligni, de Bourgogne, au XIe siècle. Elle commença à devenir célèbre par le maréchal Gaspard de Coligni, qui fit les guerres d'Italie avec Charles VII, Louis XII et François Ier. Il mourut en 1526. L'amiral de Coligni, dont l'assassinat fut le signal de la Saint-Barthélemy, fut l'un des plus grands capitaines de son temps. François de Coligni, seigneur d'Andelot, général protestant, se rendit trop célèbre dans les guerres de religion, et mourut, dit-on, par le poison. Odet de Coligni, qui était entré dans le clergé, embrassa la réforme, vers 1540.

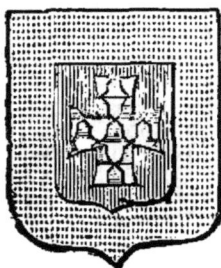

—

COMINES (de). D'or à l'écu en abîme de gueules, chargé d'une croix vairée. (G. de Genouillac, Recueil d'armoiries).

Famille originaire de Flandre, dont le plus illustre rejeton est l'historien Philippe de Comines, né en 1445, qui s'attacha à Louis XI, dont il devint le ministre et le confident. Ses Mémoires sont le monument le plus précieux que nous ayons, sur les règnes de Louis XI et Charles VIII.

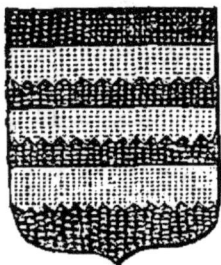

—

COSSÉ-BRISSAC (de). De sable à trois fasces d'or denchées par le bas. (Hist. des gr. off. T. III. p. 293).

La famille de Cossé est originaire d'Anjou. Elle était déjà célèbre en 1560. Après avoir, pendant plusieurs

siècles, tenu le premier rang parmi les gentilshommes
de la cour du duc d'Anjou, les seigneurs de Cossé s'éle-
vèrent subitement, sous François Ier et ses successeurs,
aux plus hautes dignités du royaume. Le premier auteur de cette fortune fut Charles, maréchal de France,
surnommé le beau Brissac, dont le fils de France disait :
« Si je n'étais dauphin, je voudrais être Brissac. » Cette
famille a donné quatre maréchaux de France. Hercule
de Cossé, qui était colonel des cent Suisses, fut massacré en 1792. Sa race n'est point éteinte, et continue à
soutenir noblement ce nom illustre.

———

Couci (de). Fascé de vair et de gueules. (*Hist. des gr. off. T. III. p. 220*).
La famille de Couci est originaire de
Picardie. Elle remonte au XIe siècle.
Ses membres ont toujours joué un
grand rôle dans l'histoire de France.
Les plus illustres sont : Raoul, qui partit en 1191 pour
la croisade, et périt au siége d'Acre. Enguerrand de
Couci, dit le Grand, servit le roi Philippe-Auguste à la
bataille de Bouvines, en 1214, et se rendit célèbre sous
le règne de saint Louis, par plusieurs entreprises har-
dies. Un autre Enguerrand, qui passa en Angleterre
après la bataille de Poitiers, devint gendre du roi d'Angleterre; il fut fait grand boutillier par Charles VI,
combattit à Nicopolis avec le comte de Nevers, et mourut en 1397. Cette race est éteinte.

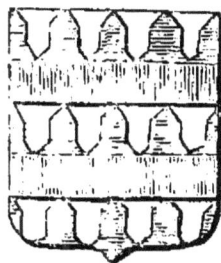

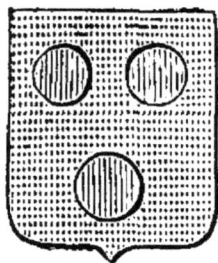

COURTENAI (de). D'or à trois tourteaux de gueules posés 2 et 1.

Famille illustre, originaire de l'Orléanais, et qui remonte au Xe siècle.
Cette maison, qui compte des alliances
jusques dans la famille royale de France,
se distingua beaucoup dans les croisades. Elle a donné
deux comtes d'Edesse, Josselin Ier, en 1131, et Josselin II, en 1149 ; et trois empereurs de l'empire latin de
Constantinople : Pierre de Courtenai qui, trahi par les
Vénitiens au siège de Durazzo, mourut prisonnier de
Théodore l'Ange, après deux ans de captivité; Robert
qui, chassé par ses sujets, mourut dans l'exil en Achaïe,
et Beaudoin, sous lequel Constantinople fut reprise par
les Grecs, en 1261. Un autre Robert, après s'être distingué en France dans plusieurs guerres, suivit saint
Louis à la Croisade, et y mourut. François de Courtenai assista à la bataille de Marignan en 1515. François de Courtenai suivit Louis XIII dans toutes ses guerres. Cette famille est éteinte en France, mais il en
existe une branche en Angleterre.

———

CRAON (de). Losangé d'or et de
gueules. (Hist. des gr. off. T. III. p.
167).

La famille de Craon est originaire
d'Anjou, où elle n'a cessé de tenir un
haut rang depuis le XIe siècle. Robert

de Craon fut le second grand-maître des Templiers ; il mourut en 1149. Amaury de Craon, seigneur de Chantocé, soutint la guerre contre Pierre Mauclerc, duc de Bretagne, en 1212, pour le compte du duc d'Anjou, dont il était sénéchal. Maurice de Craon fut ambassadeur en Angleterre, en 1290. Pierre de Craon, qui avait accompagné le duc d'Anjou dans son expédition contre Naples, en 1384, se fit ensuite chasser de la cour du roi Charles VI, pour ses intrigues et ses débauches. Ses biens furent confisqués à la suite d'une conspiration contre le connétable de Clisson. Antoine de Craon, son fils, grand pannetier de France, mourut à la bataille d'Azincourt, en 1415.

———

CRÉQUY (de). D'or au créquier de gueules. (*Hist. des gr. off. de la Couronne, T. III, p. 293*).

La famille de Créquy est une des plus anciennes et des plus historiques de l'Artois ; elle remonte à 857. Baudoin, sire de Créquy, fut fait baron en 1007. Gérard de Créquy fit le voyage de Terre-Sainte à la première croisade. Jacques de Créquy, maréchal de Guyenne, commanda l'armée de Jean Sans-Peur duc de Bourgogne. Charles de Créquy, prince de Poix, fut gouverneur du Dauphiné et maréchal de France. François de Bonne de Créquy, duc de Lesdiguières, fut aussi maréchal de France sous Louis XIV. La femme du marquis de Créquy, qui vivait sous Louis XV, a été célèbre par son esprit. On a publié sous son nom des *Mémoires*. La famille de Créquy s'est éteinte peu de temps avant la révolution.

— •

CRILLON (de). D'or à cinq cotices d'azur. (*G. de Genouillac, Recueil d'armoiries*).

La famille de Crillon, originaire d'Italie, est venue en France vers 1450. Elle a produit, entre autres personnages célèbres, Louis de Crillon, qui fut l'un des plus grands capitaines du XVIᵉ siècle, et dont la renommée est devenue populaire par ce billet de Henri IV : « Pends-toi, brave Crillon, nous avons combattu à Arques, et tu n'y étais pas. » François-Dorothée, qui fut député aux Etats généraux, traversa la révolution de 1793, et devint pair de France en 1815. Cette famille existe encore.

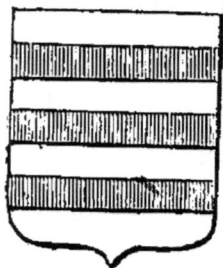

—

CROY (de). D'argent à trois fasces de gueules. (*Hist. des gr. off. T. V. p. 631*).

Depuis 500 ans, la famille de Croy figure dans l'histoire de France. Elle descend des rois de Hongrie, et vint s'établir en Picardie. Elle a fourni deux cardinaux,

cinq évêques, un maréchal de France, plusieurs maréchaux de l'empire, un grand nombre de généraux,
d'ambassadeurs, de ministres et 28 chevaliers de la
toison d'or. On cite parmi eux : Jean, seigneur de
Renti, qui fut chambellan de Philippe-le-Hardi, et
mourut à Azincourt, en 1415. Charles-Eugène, qui
servit avec gloire en Danemark et en Hongrie, de 1680
à 1693. Guillaume, seigneur de Chièvres, qui se signala
sous Louis XII au recouvrement du Milanais. Emmanuel, prince de Croy-Solre, maréchal de France, employa une partie de sa fortune à la restauration du
port de Dunkerque. Il mourut en 1787. Cette illustre
maison existe encore.

D

DAILLON DE LUDE (de). D'azur à la
croix engrêlée d'argent.

Cette famille, qui a fourni plusieurs
grands officiers à la couronne, commence à paraître sous Louis XI. Jean
de Daillon, seigneur de Lude, fut con-
seiller et chambellan du roi; il était capitaine de cent
lances, et gouverneur du Dauphiné, en 1474. Louis XI
le surnommait Maître-Jean des habiletés. Jacques de
Daillon, dont Brantôme a écrit la vie, fut conseiller et
chambellan sous Louis XII et François Ier; il se rendit

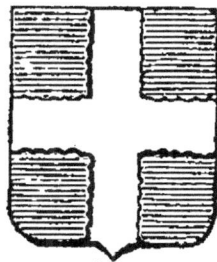

célèbre par la défense de Fontarabie. Jean de Daillon, gouverneur du Poitou, fut député vers Charles-Quint. Guy de Daillon est célèbre par sa défense de Poitiers contre les Huguenots, en 1569. Henri de Daillon, grand-maître de l'artillerie et pair de France, se signala au siége de Maestricht, et suivit Louis XIV dans toutes ses expéditions.

—

DALMATIE (de). D'or à un écusson de gueules chargé de 3 têtes de léopard d'or en rencontre, posées 2 et 1 ; au chef de gueules semé d'étoiles d'argent. (G. Genouillac, Recueil d'armories).

Nicolas-Jean Soult, né en 1769, et entré au service comme volontaire, est le premier gentilhomme de sa race. Il fut créé duc de Dalmatie par l'empereur Napoléon Ier, pour s'être distingué comme général dans les guerres d'Autriche. Il se distingua surtout à Austerlitz et à Kœnisberg. Après la mort de son bienfaiteur, il se dévoua au gouvernement de Louis-Philippe, et tint le portefeuille de la guerre pendant une grande partie de ce règne. Son fils, Hector Soult, entra après 1830 dans la carrière diplomatique, et fut ambassadeur à Berlin.

—

DAMAS (de). D'or à la croix ancrée de gueules. (*Boisseau, promptuaire armorial*).

La famille de Damas, originaire de Champagne, est une des plus anciennes de France. Guy de Damas était grand-maître de l'hôtel du roi, et grand chambellan de France en 1359. Charles de Damas, né en 1738, était premier gentilhomme de la chambre de Louis XVI. Il fit la guerre d'Amérique, suivit Louis XVIII en exil, et devint pair de France à la restauration. Roger, comte de Damas, officier célèbre par sa bravoure, se distingua en 1787 contre les Turcs, fut aide de camp du comte d'Artois, servit à Naples, et rentra en France avec les Bourbons, qui le nommèrent lieutenant-général. François-Etienne prit part aux guerres de la révolution, fit la campagne d'Egypte, fut secrétaire de Murat, et se distingua au passage de la Bérésina. Cette maison a donné plusieurs branches. Celle de Thiange est la principale.

DES CARS ou D'ESCARS. De gueules au pal de vair. (*Hist. des gr. off. T. III. p. 645*).

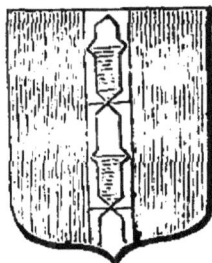

Famille originaire du Limousin, que la plupart des auteurs écrivent d'Escars. Arnoult de Pérusse des Cars, grand maréchal de l'Eglise, fut chargé par le pape

Innocent VI de faire rebâtir les murs de la ville d'Avignon, en 1359. Gauthier de Pérusse Des Cars fut conseiller de Charles VII, et chargé de plusieurs missions en Limousin. Geoffroy de Pérusse, vaillant capitaine qui, en 1513, alla secourir le roi de Navarre, assista à la bataille de Pavie et contribua à la rançon de Henri de Navarre, son ami, en 1525. Jacques de Pérusse des Cars, alla, dit l'histoire, comme aux noces à la bataille de Cérisolles, et se montra toute sa vie grand ennemi des protestants. Il se fit un nom comme officier, et mourut en 1572. Anne de Perusse Des Cars fut évêque de Lisieux, et cardinal sous le nom de Givry, en 1596. François Des Cars fut chambellan d'Antoine de Bourbon, roi de Navarre, et prit une grande part aux affaires politiques de son temps. Louis-François des Cars fut lieutenant général en Limousin, et mourut regretté en 1754. Cette famille n'est point éteinte.

—

Dorat. De gueules à trois croix ancrées d'or, posées 2 et 1. (*Moréri, T. IV*).

Cette famille est d'origine limousine. Elle remonte au XIIIe siècle. C'est surtout par les deux poètes qu'elle a produits, que son nom se recommande. Jean Dorat fut en grande réputation de science et de poésie sous les règnes de François 1er, Henri II, François II et Charles IX. On l'avait surnommé le poète royal. Joseph Dorat fut secrétaire des commandements de la reine Marguerite, et conseiller de Henri IV. Jacques Donat, archidiacre de Reims, a écrit des poésies publiées à Limoges. Joseph Dorat fut conseiller au parlement en 1661.

———

DORMANS (de). D'azur à 3 têtes de léopard d'or lampassées de gueules. (*Hist. des gr. off. T. V. p. 333*).

La famille de Dormans est originaire de Champagne; elle est ancienne et de bonne noblesse. Elle a produit, entre autres illustrations : Jean de Dormans, cardinal évêque de Beauvais, chancelier de France en 1268, et fondateur du collége dit de Beauvais, à Paris ; Guillaume, qui fut chancelier de France, en 1371 ; Miles également chancelier de France en 1380 ; un autre Guillaume, archevêque de Sens en 1404, et plusieurs autres dignitaires de l'Eglise et de l'Etat.

———

DREUX-BRÉZÉ (de). D'azur au chevron d'or accompagné en chef de deux roses d'argent, et en pointe d'une ombre de soleil d'or.

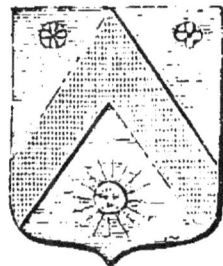

La famille de Dreux, originaire du Poitou, a donné par ses alliances naissance à la maison de Dreux-Brézé, qui a rendu son nom illustre depuis le XVIe siècle. Pierre de Dreux-Brézé était conseiller au grand conseil, en 1618. Thomas de Dreux-Brézé fut lieutenant-général en 1710, et grand-maître des cérémonies de France. Michel de Dreux-Brézé, grand-maître des cérémonies en 1720, et lieutenant-général en 1741 ; il assista à la bataille de Fontenoy avec le maréchal de Villars qui le nommait son bras droit. Henri-Evrard de Dreux-Brézé, pair, grand-maître des cérémonies et maréchal de camp sous Louis XVI, et Louis XVIII, joua un rôle important pendant la révolution, et mérita d'être cité comme le modèle du dévoûment à son maître. Scipion, comte de Dreux-Brézé, continua sous Charles X les traditions et les emplois de sa famille, et se fit remarquer comme orateur à la chambre. Un membre de cette illustre famille est actuellement évêque de Moulins.

———

Du Guesclin. D'argent à l'aigle à deux têtes de sable couronné d'or. (*Hist. des gr. off. T. III. p. 183*).

Cette famille, originaire de Bretagne, remonte au XIe siècle. Le plus célèbre de ses membres est Bertrand du Guesclin, connétable de France, né en 1314. Après s'être distingué dans la guerre contre les Anglais, il fut chargé, par Charles V, de débarrasser la France des grandes compagnies, et, revenu en France, il continua à s'y distinguer par des prodiges de valeur, qui ont rendu sa renommée si populaire. Il mourut devant Château-Neuf-Randon en 1380. Un autre Bertrand du Guesclin, seigneur de la Roberie, fut lieutenant-général de la province de Bretagne en 1566. César de Guesclin, maître de camp de cavalerie, était premier gentil-homme de la chambre du duc d'Orléans, en 1728. René de Guesclin servit en Franche-Comté et en Alsace ; il se trouvait à la bataille de Trèves en 1675.

—

Du Plessis de Richelieu. D'azur à 3 chevrons de gueules. (*Hist. des gr. off. T. III. p. 353*).

Cette maison est originaire du Poitou. Elle vécut obscure jusqu'à François du Plessis, seigneur de Richelieu, qui fut écuyer tranchant de la reine Marie d'Anjou, femme de Charles VII. Antoine du Plessis dit le Moine était gouverneur de Tours en 1562. Il fut blessé au siége de Bourges. François du Plessis de Richelieu, capitaine de garde, grand prévôt de France sous Henri III, fut employé par ce prince à diverses négociations. Alphonse-Louis évêque de Luçon, puis chartreux, puis archevêque de Lyon, mourut cardinal, et grand aumônier de France en 1653. Armand-Jean du Plessis de Richelieu, cardinal, duc, pair de France, et ministre sous Louis XIII, est un des hommes politiques les plus remarquables qui aient jamais tenu la tête d'un gouvernement. Henri, seigneur de Richelieu, maréchal de camp, frère aîné du cardinal, étant mort sans postérité, on substitua au nom et armes de la famille un homme obscur, René de Vignerod, qui avait épousé en secondes noces la sœur de Richelieu, Françoise, veuve de Jean de Beauveau.

—

DURFORT DE DURAS (de). D'argent à la bande d'azur. (*G. de Genouillac, Recueil d'amoiries*).

Cette maison, originaire de Guyenne, est célèbre dans notre histoire depuis plusieurs siècles. Aimery de Duras servit le roi dans les guerres de Gascogne, en 1328, et en reçut plusieurs fiefs ; Gaillard de Duras signa la capitulation de Bordeaux, sous Charles VII ; Jean, qui fut maire de Bordeaux, suivit Charles VIII en Italie, et s'y comporta vaillamment ; Jacques-Henri, maréchal de France, servit sous Turenne, et se distingua en Flandre, en Allemagne, et en Catalogne ; son frère Guy, duc de Lorges, fut aussi maréchal de France ; Louis s'attacha à la fortune de Charles II Stuart, et devint vice-roi d'Irlande ; Jean-Baptiste assista au siège de Khel, et fut également maréchal de France, en 1741. La duchesse de Duras, amie de madame de Staël et morte en 1828, a publié plusieurs romans célèbres. Ce nom est encore très-honorablement porté.

—

E

EFFIAT (d'). De gueules au chevron ondé d'argent et d'azur de 6 pièces, accompagné de 3 lionceaux d'or. (*Hist. de gr. off. T. VII. p. 492*).

La maison de Coiffier d'Effiat a produit, entre autres célébrités : Gilbert Coiffier, seigneur d'Effiat, trésorier de France, qui se trouva à la bataille de Cérisolles, en 1544, et s'y conduisit noblement ; Antoine Coiffier, seigneur d'Effiat, maréchal de France, se distingua au siége de la Rochelle, fut ambassadeur en Angleterre, surintendant des finances, et posséda les faveurs de Richelieu. Il mourut en 1632. Son fils Henri, marquis de Cinq-Mars, grand écuyer de France, conspira avec de Thou contre le cardinal, qui avait empêché son mariage avec Marie de Gonzague, et fut exécuté en 1642. Cette famille est aujourd'hui éteinte.

—

EKMULH (Davoust d'). D'or à deux lions léopardés rampants de gueules, tenant à la patte dextre une lance polonaise de sable, l'un en chef à dextre et le deuxième contourné en pointe à senestre ; à la bordure componée d'or

et de gueules ; au chef de gueules semé d'étoiles d'argent.

Davoust, Nicolas, prince d'Ekmulh, naquit dans le département de l'Yonne, en 1770. Elevé à l'école de Brienne, il fit, en qualité de général, les campagnes de 1793, 1794, et 1795. Il accompagna Napoléon en Egypte, fut nommé maréchal de l'empire en 1804, et prince en 1812 ; il devint pair de France en 1819, et mourut en 1823. Son nom appartient à la plus illustre noblesse de l'ère impériale.

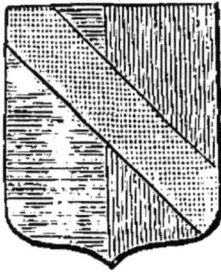

—

ESCOUBLEAU DE SOURDIS. Parti d'azur et de gueules, à la bande d'or brochant sur le tout. (*G. de Genouillac, Recueil d'armoiries*).

Cette famille, originaire du Poitou, date du XIIIe siècle. René d'Escoubleau était gentilhomme de la chambre du roi, en 1341. François d'Escoubleau, premier écuyer de la grande écurie, gouverneur de Chartres, mourut en 1602. François cardinal de Sourdis, évêque de Bordeaux, rendit de nombreux services à Henri IV, et se distingua par sa piété. Henri d'Escoubleau, archevêque de Bordeaux, suivit Louis XIII au siége de La Rochelle. Charles d'Escoubleau, maréchal de camp, gouverneur de l'Orléanais, mourut en 1668. Jacques-René fut lieutenant-général des armées navales, en 1688. François d'Escoubleau, lieutenant-général commandant en Guyenne, mourut en 1707.

ESPINAY (d'). D'argent au lion coupé de gueules et de sinople, armé et lampassé d'or. (*G. Genouillac, Recueil d'armoiries*).

Cette noble et ancienne maison de Bretagne, illustre par ses alliances, a produit plusieurs grands hommes depuis le XIIIe siè-cle. Jean d'Espinay se distingua à la bataille d'Auray, en 1364, où il portait la bannière de Jean de Monfort. Robert, qui fut ambassadeur du duc François II, près de Louis XI, en 1468, mourut en prison. On cite encore : André, cardinal et archevêque de Bordeaux ; Charles, évêque de Dol, qui assista au concile de Trente ; Jean, qui mourut sous Henri IV, après avoir servi cinq rois de France. Sa descendance a formé deux branches : celle de Broom et celle de Vaucouleurs. Il ne faut pas confondre cette maison avec les d'Epinay de Normandie, qui ont également un grand renom.

—

ESTAING (d'). D'azur à trois fleurs de lis d'or au chef d'or. (*Moréri, T. IV*).

Cette maison noble et ancienne, originaire de Rouergue, commence à paraître sous Philippe-Auguste. A la bataille de Bovines, en 1214, le roi de France ayant été renversé de son cheval, Dieu-donné d'Estaing, l'un des vingt-quatre chevaliers commis à la garde de sa personne, sauva son écu et le

remit en selle. Guillaume d'Estaing se distingua dans
la guerre contre les Anglais, et rendit de grands
services à Charles VII. Il fut conseiller, chambellan,
sénéchal de Rouergue, et ambassadeur en Castille,
en 1454. Jean d'Estaing embrassa le parti de la Ligue
en 1589, mais il se rendit à Henri IV, et entra à son
service. François d'Estaing, maréchal de camp en 1702,
fit la guerre en Italie avec le plus grand succès. Char-
les-Hector d'Estaing, amiral, fit d'abord la guerre dans
les grandes Indes ; il se signala ensuite pendant les
affaires d'Amérique. Elu membre de l'assemblée des
Notables en 1787, il embrassa le parti de la révolution,
mais son titre de noble le perdit, et il mourut sur
l'échafaud en 1794. Il a laissé quelques écrits.

ESTAMPES (d'). D'azur à deux girons
appointés et posés en chevron d'or ;
au chef d'argent chargé de trois couronnes ducales de gueules. (G. de Genouillac, Recueil d'armoiries).

Cette noble et ancienne maison,
originaire du Berry, s'est divisée en plusieurs branches, également célèbres par les grands hommes
qu'elles ont donnés à l'Etat, à l'Eglise et à l'ordre de
Malte. Robert d'Estampes fut élevé auprès de Jean
de France, duc de Berry, qui le fit son conseiller, et le
nomma l'un des exécuteurs de son testament. Robert
d'Estampes de Valençay fut chambellan de Charles VII.

Jean d'Estampes fut intendant des finances sous le même règne, et évêque de Carcassonne. Jacques d'Estampes, maréchal de la Ferté-Imbault, fit toutes les guerres de religion jusqu'après le siége de la Rochelle, devint ambassadeur en Angleterre, et mourut en 1668. Achille d'Estampes-Valançay, grand'croix de Malte, et cardinal, ne fut pas moins habile à combattre qu'à prier. Léonard d'Estampes-Valençay fut archevêque de Reims, et se rendit célèbre dans le clergé. Le commandeur Henri de Valencay fut amiral de France sous Richelieu, et ambassadeur à Rome.

—

ESTOUTEVILLE (d'). Burelé d'argent et de gueules de dix pièces, au lion de sable brochant sur le tout, armé, couronné et lampassé d'or. (*Hist. des gr. off. T. V. p.* 547).

Estouteville est l'une des plus anciennes et des plus considérables maisons de la province de Normandie. Le premier dont la mémoire s'est conservée est Robert d'Estouteville, l'un des seigneurs compagnons de Guillaume-le-Conquérant à la conquête d'Angleterre, en 1066. Guillaume d'Estouteville, cardinal-archevêque de Rouen, intrépide observateur de la justice, fut surnommé la colonne de l'Eglise. Robert d'Estouteville fut prévôt de Paris sous Louis XI, et se distingua à la bataille de Montlhéri, en 1465. Son fils Jacques lui succéda dans cette fonction. Cette famille s'est éteinte dans la personne de Jean, conseiller du roi et gentilhomme de la chambre, en 1568.

—

ESTRÉES (d'). D'argent fretté de sable au chef d'or chargé de 3 merlettes de sable. (*Hist. des gr. off. T. III. p. 592*).

La famille d'Estrées est originaire d'Artois. Elle remonte à 1453, mais n'avait guère de célébrité avant la passion que le roi Henri IV conçut pour la belle Gabrielle, fille d'Antoine d'Estrées, grand-maître de l'artillerie de France, en 1597. François-Annibal, frère de Gabrielle, fut maréchal de France sous Louis XIII en 1626, assista au siége de Mantoue, et fut ambassadeur à Rome. Victor-Marie d'Estrées, amiral de France, contribua puissamment à conserver la couronne de France au petit-fils de Louis XIV. Le cardinal d'Estrées, né en 1628, docteur en Sorbonne, fut membre doyen de l'académie française, et travailla à pacifier l'Eglise. Louis-César Letellier, comte d'Estrées, devint maréchal de France en 1756, se distingua à la bataille de Fontenoy, et battit le duc de Cumberland à Hartembeck, en 1757. Le nom d'Estrées s'éteignit en lui.

F

FOUQUET DE VAUX. D'argent à l'écureuil de gueules. (*G. de Genouillac, Recueil d'armoiries*).

Cette famille ne commence à paraître que sous Louis XIII, en la personne de François Fouquet, vicomte de Vaux, maître des requêtes, mais elle acquit sous Louis XIV beaucoup de renommée par l'élévation, les richesses, les prodigalités et la disgrâce de Nicolas Fouquet, vicomte de Melun et de Vaux, marquis de Belle-Ile, surintendant des finances et ministre d'Etat. Après sa chute, Fouquet fut enfermé à Pignerol, où il resta seize ans occupé à écrire des livres de piété. Il mourut en 1680. Louis Fouquet de Belle-Ile, son fils, donna naissance à Charles de Belle-Ile, qui fut maréchal de France sous Louis XIV, prit une part active à la guerre de succession d'Autriche, et se distingua comme ministre de la guerre par d'utiles réformes. Cette famille s'est éteinte en 1758 en Louis-Marie de Belle-Ile, qui fut tué à l'armée du Rhin.

FORBIN (de). D'or au chevron d'azur accompagné de 3 têtes de léopard de gueules. (*G. de Genouillac, Recueil d'armoiries*).

Cette maison, originaire de Provence, remonte à *magnifique et généreux seigneur* Pierre Forbin, qui vivait en 1362. Elle a donné : Palamède de Forbin, dit le Grand, seigneur de Solier, gouverneur de Provence, conseiller et chambellan du roi René. Louis XI ne négligea rien pour se l'attacher; il mourut en 1508. Louis de Forbin, conseiller au parlement de Toulouse, fut ambassadeur pour le roi Louis XII au concile de Latran. Toussaint, cardinal de Janson, évêque de Marseille, fut ambassadeur en Pologne pour Louis XIV, et séjourna longtemps à Rome. Claude, comte de Forbin, amiral de France, combattit avec Duquesne devant Alger, et seconda Jean Bart dans ses luttes contre l'Angleterre. Il a laissé des Mémoires. Auguste de Forbin, savant distingué, a écrit des voyages dans le Levant, en 1819. Enfin monseigneur de Forbin-Janson, évêque de Nancy, s'est rendu célèbre de notre temps par ses voyages, et ses œuvres de bienfaisance.

—

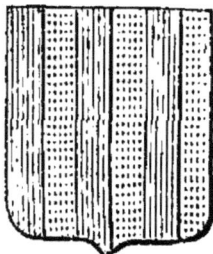

Foix (de). D'or à 3 pals de gueules. (*Hist. des gr. off. T. VII. p. 142*).

La maison des comtes de Foix remonte au XIe siècle. C'est une des plus illustres de France. Raymond-Roger accompagna Philippe-Auguste en Terre-Sainte. Depuis, il prit le parti des Albigeois, et cet engagement lui attira une cruelle guerre dans son pays. Roger-Bernard vit naître les guerres des maisons de Foix et d'Armagnac; il s'attira la colère de Philippe-le-Hardi, qui le retint prisonnier à Beaucaire, en 1274. Gaston-Phébus passa sa vie à guerroyer. Il fit mourir de faim dans une tour un de ses fils qui, dit-on, avait voulu l'empoisonner. On a de lui un ouvrage sur la vénerie. Jean de Graily, captal de Buch, qui servit les intérêts de Charles-le-Mauvais, fut deux fois vaincu par du Guesclin, et mourut en 1377, à la prison du Temple à Paris. Pierre de Foix, cardinal archevêque d'Arles, et vice-légat d'Avignon, s'occupa pendant le schisme à la pacification de l'Eglise. Odet de Foix, seigneur de Lautrec, assista à la bataille de Pavie, et se rendit célèbre sous François Ier. Jean-Baptiste-Gaston de Foix, dont la femme fut première dame d'honneur d'Anne d'Autriche, et gouvernante du jeune Louis XIV, fut tué au siége du Mardick, en 1644.

FITZ-JAMES (de). Ecartelé : au 1 et 4 contre écartelé de France et d'Angleterre; au 2e un lion de gueules dans un double trescheur d'or fleurdelisé de gueules qui est d'Ecosse; au 3e d'azur à la harpe d'or qui est d'Irlande; à la bordure renfermant tout l'écu composée de 16

pièces, 8 d'azur et 8 de gueules, les compons d'azur chargés chacun d'une fleur de lis d'or, et ceux de gueules d'un léopard d'or.

Cette famille, qui descend des Stuarts, commence au maréchal de Berwik, fils naturel de Jacques II d'Angleterre, né en 1671, et qui fut gouverneur du Limousin. Il montra, dès sa jeunesse, de grands talents militaires, fut chargé successivement par Louis XIV de faire la guerre en Espagne, en Languedoc, aux Camisards, et finalement sur le Rhin, où il fut tué au siége de Philipsbourg. François de Fitz-James, son fils, embrassa l'état ecclésiastique, et devint évèque de Soissons. Charles, frère du précédent, fut fait pair et maréchal de France sous Louis XV. Edouard, également pair de France, et député après 1830, mourut en 1838, en laissant postérité.

—

FÉNÉLON (de Salignac de la Motte). D'or à trois bandes de sinople. (G. de Genouillac, Recueil d'armoiries).

Cette famille, originaire de Guyenne, a produit entre autres célébrités : François de Salignac-Fénélon, qui, après avoir été précepteur des petits-fils de Louis XIV, devint archevèque de Cambrai, et ne brilla pas moins par ses écrits que par ses vertus. Il est auteur du Télémaque, d'un traité de l'Existence de Dieu, et de plusieurs autres ouvrages du plus grand mérite. Son neveu, l'abbé de Fénelon, après avoir été aumônier de la reine femme de Louis XV, mourut sur l'échafaud pendant la révolution. Cette famille existe encore.

—

FAYETTE (de la). De gueules à la bande d'or, à la bordure de vair. (*Hist. des gr. off. T. VII. p. 59*).

La famille Motier de la Fayette est une des plus illustres et des plus anciennes d'Auvergne. Elle remonte à 1284. Elle a produit beaucoup de grands hommes, dont les principaux sont : Gilbert de la Fayette, chevalier, conseiller et chambellan du roi Charles VII. Il fut un des principaux chefs qui contribuèrent à chasser les Anglais du royaume. Les services qu'il avait rendus à l'Etat lui méritèrent la charge de maréchal de France, en 1421. Antoine de la Fayette fut maître de l'artillerie sous Louis XII, en 1514. Louise de la Fayette, aussi remarquable par sa beauté que par son esprit, mourut religieuse à Chaillot. Madame de la Fayette, née de la Vergne, fut la protectrice des gens de lettres, et écrivit elle-même des romans qui sont demeurés célèbres. Enfin, le plus illustre de la famille est le marquis de la Fayette, qui après avoir pris part, dans sa jeunesse avec beaucoup d'éclat, à la guerre d'Amérique, vint se mêler à la révolution française, s'y montra toujours plein de désintéressement et de grandeur, et, après être demeuré neutre pendant l'empire, dont les idées étaient contraires à ses convictions, rentra aux affaires après la restauration, et ne cessa de se vouer aux idées libérales.

—

FAUDOAS (de). Ecartelé, au 1 et 4 d'azur à la croix d'or; au 2 et 3 d'azur à 3 fleurs de lis d'or. (*Moréri*).

La maison de Faudoas est une des plus distinguées de Guyenne. Elle remonte au XIe siècle. Parmi ses membres, on doit citer : Arnaud de Faudoas, seigneur de Barbazan, surnommé le chevalier sans reproche, à qui Charles VII accorda la permission de porter dans ses armes, les trois fleurs de lis sans barre, et d'être enterré à Saint-Denis au tombeau des rois. Pierre de Faudoas de Sérillac fut maréchal de camp en 1651. Jean-François de Faudoas de Sérillac fut gouverneur de Paris, et gentilhomme ordinaire de la chambre de Henri III, en 1580.

G

GAUCOURT (de). D'hermine à deux barres addossés de gueules.

Maison considérable originaire de Picardie, et qui remonte au XIIIe siècle. On cite parmi ses membres : Jean de Gaucourt, seigneur de Maisons maître d'hôtel du roi en 1393 ; Raoul, premier chambellan de Charles VII, se signala dans les guerres de la Pucelle, et assista à la magnifique entrée du roi dans la ville de Rouen ; Charles fut lieutenant-général et gouverneur de Paris sous Louis XI. Louis de Gaucourt mourut en 1589 d'une blessure reçue en combattant pour la Ligue. Plusieurs de ses descendants furent successivement lieutenants du roi en Berry.

—

GONDI DE RETZ (de). D'or à deux masses d'armes de sable passées en sautoir, et liées de gueules par le bout du manche. (*Histoire des connétables, p. 56*).

L'illustre maison de Gondi est originaire de Florence. Elle fut implantée en France par Antoine de Gondi, qui devint maître d'hôtel du roi Henri II. Albert de Gondi, fils d'Antoine par son mariage avec Claude-Catherine de Retz, devint puissamment riche, fut fait maréchal de France et illustra beaucoup sa maison. Il eut beaucoup de part à la confiance de Catherine de Médicis, et aux bonnes grâces de Charles IX. Henri, cardinal de Retz, maître de l'oratoire du roi, et évêque de Paris, fut employé par Louis XIII dans les affaires, et mourut en 1622. Charles, marquis de Belle-Ile, général des galères, fut tué au siége du mont Saint-Michel, en 1576. Pierre de Gondi, duc de Retz, également général des galères, eut l'épaule cassée d'un coup de mousquet dans l'île de Ré. Il mourut en 1676. Paul de Gondi, cardinal de Retz, n'avait embrassé l'état clérical que malgré lui, et passa sa vie dans les intrigues politiques, qui troublèrent la minorité de Louis XIV.

—

GONDRIN DE MONTESPAN (de). D'or à la tour donjonnée de trois pièces de gueules, maçonnée de sable ; surmontée de trois têtes de maure de même, tortillées d'argent.

La maison de Montespan, issue d'une ancienne famille de Gascogne, plus connue par la valeur de ses membres que par les emplois qu'ils avaient occupés à la cour, devint tout à coup célèbre par la liaison de madame de Montespan avec Louis XIV. Elle consacra la fin de sa vie à l'expiation des égarements de sa jeunesse.

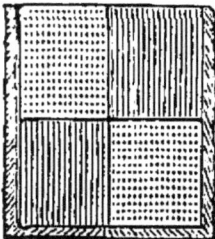

—

GONTAUT DE BIRON (de). Ecu en bannière écartelé d'or et de gueules. (*Hist. des gr. off. p. 115*).

La noblesse du Périgord compte peu de familles aussi illustres que celle des Gontaut de Biron, dont la généalogie remonte à 1374. On cite, parmi les plus illustres de cette race, Pons de Gontaut, qui fut écuyer tranchant de Charles VIII, et se trouva à la journée de Fornoue. Jean de Gontaut fut embassadeur du roi de France près de Charles V d'Espagne. Armand, maréchal de France, fut élevé page auprès de Marguerite de Navare. Il se distingua dans les guerres de religion sous Henri III, et, après la mort funeste de ce prince, fut un des premiers à reconnaître Henri IV. Il fut tué au siége d'Epernay en Champagne. C'était un des plus grands capitaines de son temps. Charles, après s'être couvert de gloire aux combats d'Arques et d'Ivry, et avoir été fait maréchal et pair de France, trahit Henri IV et mourut sur l'échafaud. Armand-Charles, qui servit sous Louis XIV, fut maréchal et pair de France; il fut blessé au siége de Landeau. Louis-Antoine fut chevalier de Saint-Jean de Jérusalem, et devint maréchal de France, en 1756. La maison de Gontaut avait produit plusieurs branches, éteintes aujourd'hui pour la plupart.

———

Gor (de). D'or à trois fasces de gueules).

Cette maison, originaire de Guyenne, remonte au XIIe siècle; elle a donné, au XIVe, plusieurs princes à l'Eglise et un pape qui fut Bertrand de Got, d'abord archevêque de Bordeaux, puis Souverain Pontife en 1305. Ce fut sous son pontificat qu'eut lieu, par Philippe-le-Bel, l'extermination des Templiers. Il mourut en 1314. Cette maison s'est éteinte

dans la personne de Jean-Baptiste-Gaston de Got, marquis de Rocullac, maréchal de camp, plus connu sous le nom de duc d'Epernon. Il avait servi dans les guerres jusqu'à la paix des Pyrénées, et mourut sans enfants en 1690.

—

GOUFFIER (de). D'or à trois jumelles de sable en fasce. (*Hist. des gr. off. T. V. p. 605*).

La famille de Gouffier, originaire du Poitou, a été féconde en personnages illustres. Elle remonte au XIVe siècle. Guillaume Gouffier s'attacha à Charles VII, dont il fut valet de chambre, puis chambellan. Arthur Gouffier, grand maître de France, fut en grand crédit sous le règne de François Ier, dont il avait été gouverneur. Ce prince l'envoya plusieurs fois en ambassades, notamment en Allemagne. Claude Gouffier, duc de Roanès et marquis de Boissi, fut grand écuyer de France, et capitaine des gardes du roi en 1540. Guillaume Gouffier, connu sous le nom d'amiral de Bonnivet, se signala au siége de Gênes, à la journée des Eperons, fut ambassadeur en Angleterre, commanda l'armée d'Italie en 1523, et fut tué à Pavie en 1525. Louis de Gouffier, chevalier de Gonnor, eut Louis XIV pour parrain; il accompagna Lafeuillade à Candie, et se distingua comme marin sur les côtes de la Méditerranée, où il fit le siége de Villefranche. Il mourut en 1737. Cet officier avait, dit-on, un goût prononcé pour les lettres. Cette famille a plusieurs branches, celle de Bonnivet est la plus illustre.

———

GOYON-MATIGNON (de). D'argent au lion de gueules couronné d'or.

Maison des plus anciennes et des plus illustres de Bretagne. On cite parmi ses membres : Goyon, premier banneret de Bretagne, qui, dit-on, repoussa les Normands de la province, en 931, et bâtit le château de la Roche-Goyon qui subsiste encore. Etienne Goyon, après avoir pris part à la conquête d'Angleterre par Guillaume de Normandie, accompagna le duc de Bretagne à la première croisade, et s'y distingua. Etienne Goyon, sire de Matignon, fut un des principaux du parti de la duchesse Jeanne, en 1341. Alain, grand écuyer de France, s'attacha à Louis XI, à qui il rendit de grands services. Charles VIII le fit son chambellan. Jacques de Goyon-Matignon, maréchal de France, gouverneur de Guyenne, se signala par ses victoires sous Charles IX, Henri III et Henri IV, qui le comblèrent de faveurs. Il mourut en 1597. Charles devint également maréchal de France, en 1622. Charles-Auguste, maréchal de France, gouverneur d'Aunis et de la Rochelle, servit fort jeune sous le nom de chevalier de Thorigny. Il se trouva à Fleurus, à Namur et à Audenarde. Jacques-François-Eléonor, pair de France, avait épousé l'héritière de Monaco. Le général de Goyon, qui commande actuellement les troupes françaises à Rome, continue à illustrer cette famille.

—

GRAMONT (de). D'or au lion *d'azur, lampassé et armé de gueules. (G. de Genouillac, Recueil d'armoiries).

Cette famille, originaire de Navarre, qu'il ne faut pas confondre avec Grammont, est célèbre depuis le XVᵉ siècle. Antoine d'Aure de Gramont fut gouverneur et lieutenant-général de Navarre, eu 1572. Antoine, comte de Gramont et de Guiche, fut vice-roi de Navarre, gouverneur de Bayonne, se signala au combat de Fontaine-Française, et servit Louis XIII en différentes occasions. Antoine, duc de Gramont, pair et maréchal de France, comte de Guiche, d'abord officier des gardes de Louis XIII, devint maréchal de France, en 1641, et suivit Louis XIV à la campagne de Flandre. C'était un seigneur plein d'esprit, qui a fait de son temps l'ornement de la cour. Il mourut en 1678. Antoine-Charles son fils, comte de Guiche, également vice-roi de Navarre, se distingua à la conquête de la Hollande, en 1672, et devint ambassadeur en Espagne, en 1704. Philibert, comte de Gramont, plus célèbre par son esprit que par ses exploits militaires, fut disgracié par Louis XIV, et mourut en 1707. Armand de Gramont, comte de Guiche, fut exilé pour s'être trouvé mêlé dans une intrigue, qui avait pour but de forcer le roi à renvoyer mademoiselle de la Vallière. Il est célèbre pour s'être jeté le premier dans l'eau, au fameux passage du Rhin, en 1672.

—

GRANGE (de la). D'azur à trois ranchiers d'or. (G. de Genouillac, Recueil d'armoiries).

Cette famille est originaire de Berry, et date du XVe siècle. Elle a donné : un maréchal de France, François de la Grange, seigneur de Montigny, gentilhomme ordinaire de la chambre de Henri III, et gouverneur du Berry, qui se signala à la bataille de Courtrai ; un cardinal, Henri de la Grange, marquis d'Arquien, qui avait d'abord été capitaine des gardes suisses ; une reine de Pologne, Marie-Casimire, qui fut mariée à Jean Sobieski, élu roi de Pologne en 1674 ; et un grand nombre d'officiers de la couronne et de chevaliers des ordres du roi.

—

GRIMALDI (de). Fuselé d'argent et de gueules.

Famille illustre de Gênes, qui occupa la principauté de Monaco depuis le XIe siècle, et s'est rendue célèbre dans l'histoire de France depuis Rainier

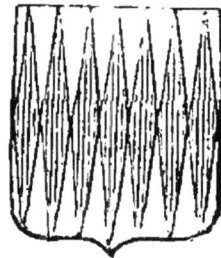

Grimaldi, prince de Monaco, seigneur de Neuville en Normandie, qui exerça l'office d'amiral en 1302, et se trouva à la bataille de Mons-en-Puelle contre les Flamands. Un autre Rainier Grimaldi, prince de Monaco et de Mantoue, fut également amiral et conseiller de Charles VI, en 1372. Mars Grimaldi était capitaine général de tous les arbalétriers du roi, en 1373. Lucien Grimaldi, prince de Monaco, fut chambellan de Louis XII. Honoré Grimaldi se trouva à la bataille de Lépante, en 1581. Un autre Honoré Grimaldi fut fait comte de Valentinois par Louis XIII, au camp devant Perpignan en 1642. Louis Grimaldi, prince de Monaco, duc de Valentinois, suivit Louis XIV dans la guerre des Pays-Bas, et s'y distingua en plusieurs occasions. Louise Grimaldi de Valentinois, héritière de la maison sous Louis XV, a porté son titre dans la maison de Matignon.

—

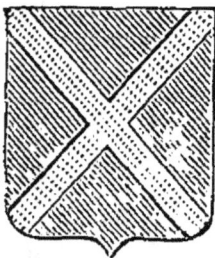

GUICHE (de la). De sinople au sautoir d'or. (*Hist. des gr. off. T. VII. p. 444*).

Cette famille est d'origine bourguignonne et d'ancienne noblesse. Elle commença à devenir célèbre sous Louis XI, qui donna à Pierre de la Guiche de Chaumont l'emploi de Chambellan. Claude de la Guiche fut évêque d'Agde et ambassadeur à Rome, en 1540. Philibert de la Guiche, gouverneur de Lyon, devint grand maître de l'artillerie, en 1578 ; il combattit à la bataille d'Ivry. Jean-François de la Guiche de Saint-Géran, maréchal de France, fut gouverneur du Bourbonnais. Bernard de la Guiche, comte de Saint-Géran, fut lieutenant-général des armées, et ambassadeur dans plusieurs cours étrangères, sous Louis XIII. Claude de la Guiche se distingua à Malplaquet, où il reçut quatorze blessures.

—

GUISE (de) ou DE LORRAINE. D'or à la bande de gueules, chargée de trois alairons d'argent.

On donne ce nom à la branche française de l'ancienne maison souveraine de Lorraine. Elle reconnaît pour chef Claude de Guise, qui vivait sous François Ier, en 1527, et fut fait comte d'Elbeuf et de Joinville. Les principaux personnages de cette race sont : François de Lorraine, duc de Guise, né en 1519 ; c'est un des plus grands capitaines qu'ait eus la France. Chargé de l'armée de Henri II, il défendit les trois évêchés contre Charles-Quint. Il prit Calais sur les Anglais, Thionville sur les Espagnols, et amena la paix de Cateau-Cambrésis. Il fut tué en 1563 par un gentilhomme protestant. Henri de Guise dit le balafré, fut un des chefs de la ligue. Henri III le fit massacrer à Blois en 1588. Louis, cardinal de Guise, archevêque de Reims, défendit, avec son illustre frère, les intérêts du catholicisme. Henri II de Lorraine, duc de Guise, né en 1604, d'abord

destiné à l'Eglise, rentra plus tard dans le monde.
Cette famille est éteinte depuis 1825.

—

HARCOURT (d'). De gueules à deux
fasces d'or. (*Hist. des gr. off. T. III.
p. 114*).

Cette maison, l'une des plus anciennes et des plus illustres de France,
est originaire de Normandie. Elle
date de l'invasion des Normands en Neustrie. Robert,
qui fit bâtir le château d'Harcourt, près de Brionne,
vivait en 1100. Raoul d'Harcourt, chanoine de Paris,
conseiller de Philippe-le-Bel, fonda, en 1280, le collège d'Harcourt. Jean II, sire d'Harcourt et de Brionne,
maréchal et amiral de France sous Philippe-le-Bel,
mourut en 1302. Godefroy d'Harcourt embrassa le
parti anglais, et favorisa les ennemis de la France à la
bataille de Crécy, en 1347. Jean VII d'Harcourt fut
fait chevalier au siége de Taillebourg, et suivit saint
Louis en Afrique, en 1269. Jacques d'Harcourt se trouva
à la bataille d'Azincourt, et, après la défaite du roi,
continua la lutte contre les Anglais pour son propre
compte, en 1423. Guy d'Harcourt, baron de Beuvron,
servit dans toutes les guerres de religion, et mourut
en 1567. Pierre d'Harcourt, marquis de Beuvron,
servit Henri III, Henri IV, et Louis XIII, à Jarnac, à
Moncontour, à Ivry, à la Rochelle; il mourut en
1617. Henri, duc d'Harcourt, pair et maréchal de

France, après avoir servi avec distinction en Flandre sous Louis XIV, accompagna le duc d'Anjou, quand il alla prendre possession du trône d'Espagne. Cette maison existe encore.

—

HARLAI (de). D'argent à deux pals de sable.

Famille noble, ancienne, et féconde en grands hommes. Jean de Harlai était pourvu de l'office de chevalier du guet de la ville de Paris, en 1461. Christophe de Harlai fut président à Mortier de la cour de Paris, en 1555. Achille de Harlai, également président à Mortier, fut fait comte de Beaumont par Henri IV. Christophe de Harlai fut envoyé par Henri IV comme ambassadeur en Angleterre, en 1602. François de Harlai fut archevêque de Paris, duc et pair de France, et proviseur de Sorbonne, en 1695.

—

HAUTPOUL (d'). D'or à deux fasces de gueules, accompagnés de six coqs de sable, crêtés et pattés de gueules, posés 3, 2, 1.

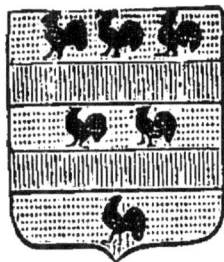

Cette famille, originaire du Languedoc, a fourni plusieurs personnages illustres. Le général Joseph d'Hautpoul se distingua dans les guerres de la République et de l'Empire.

Charles d'Hautpoul, dont la femme était nièce de l'auteur Marsollier, écrivit plusieurs ouvrages remarquables. Cette famille est actuellement représentée par le général de Beaufort d'Hautpoul, qui s'est distingué dans les dernières conquêtes d'Afrique et de Syrie.

—

HÔPITAL (de l'). De gueules au coq d'argent crêté, membré et becqué d'or, ayant au cou un écusson d'azur chargé d'une fleur de lis d'or. (*Hist. des gr. off. T. VII. p. 431*).

Cette famille, qu'il ne faut pas confondre avec celle du chancelier Michel de l'Hôpital, commence à devenir célèbre par François de l'Hôpital, seigneur de Choisy, conseiller et chambellan du roi en 1390, et maître d'hôtel d'Isabeau de Bavière, en 1416. Adrien de l'Hôpital se signala à la bataille de Saint-Aubin du Cormier, et à la conquête de Naples, sous Charles VIII. Aloph, échanson de madame d'Angoulême, mère de François Ier, devint chambellan du roi, gouverneur de Brie et maître des eaux et forêts. Jacques de l'Hôpital, chevalier d'honneur de la reine Marguerite, et chambellan du roi, se trouva à toutes les guerres du règne de Henri III et de Henri IV, et se signala à la journée d'Ivry. Nicolas de l'Hôpital fut maréchal de France, en 1617, sous le nom Vitry. Guillaume de l'Hôpital, un des premiers mathématiciens du XVIIe siècle, a publié l'analyse des infiniments petits, ouvrage capital qui le met presque à la hauteur de Leibnitz.

———

Hozier (d'). D'azur à une bande d'or, accompagnée de six étoiles de même en orle.

Cette famille originaire de Provence, est d'ancienne noblesse. Elle s'est surtout rendue célèbre par les travaux que plusieurs de ses membres ont entrepris sur l'histoire généalogique des races nobles de France. Pierre d'Hozier, conseiller d'Etat, juge d'armes de la noblesse. est le premier qui embrassa cette carrière. Il vivait sous Louis XIII. Ses ouvrages qui sont énormes n'ont pas été imprimés. Charles-René d'Hozier, fils du précédent, lui succéda dans sa charge, et fut nommé généalogiste du roi Louis XIV. Louis-Pierre d'Hozier, neveu de Charles, fut aussi juge d'armes, et rédigea, en compagnie de son fils d'Hozier de Serigny, un registre en huit volumes sur la noblesse de France.

———

Humières (d'). D'argent fretté de sable. (*Hist. des gr. off. T. IX. p. 109*).

La famille de Crevant d'Humières, qui porta d'abord le nom d'Humières seul, est originaire de Picardie. Elle commence à Jean d'Humières, qui se trouva à la bataille de Poitiers, en 1356. Philippe, seigneur de Humières, assista à la bataille d'Azincourt, où deux de ses frères furent tués, en 1415. Jean de Humières fut capitaine des gardes du corps du roi, en 1520. Charles de Humières, évêque de Bayeux, fut grand aumônier de France, en 1559. Le mariage de Jacqueline de Humières, héritière du nom, avec Louis de Crevant, en 1596, fonda une nouvelle maison.

I

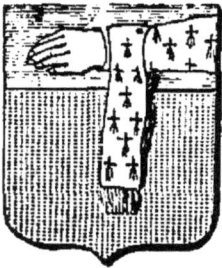

ILE-ADAM (Villiers de l'). D'or au chef d'azur, chargé d'une dextrochère, revêtue d'un fanon d'hermine brochant sur le tout. (*Hist. des gr. off. T. II. p. 283*).

Cette illustre famille, originaire de l'île de France, commence à paraître en 1162. Elle a donné plusieurs grands hommes : Ancel de l'Ile-Adam fit le voyage de Terre-Sainte avec le connétable Amaury de Montfort, en 1239. Jean de Villiers de l'Ile-Adam, maréchal de France, né en 1384, servit le parti de Bourgogne, dans les guerres qui occupèrent le règne de Charles VII. Philippe de Villiers de l'Ile-Adam, grand-maître de Saint-Jean de Jérusalem, s'illustra par la défense de Rhodes contre Soliman II, en 1522. Ce fut lui qui établit les Hospitaliers à Malte.

IsLY (Bugeaud de la Piconerie d'). Parti au 1er d'azur au chevron d'or, accompagné en pointe d'une étoile de même, au chef de gueules chargé de 3 étoiles aussi d'or : au deuxième coupé d'or à l'épée haute de sable, et de sable au soc de charrue d'or. (*Moniteur*).

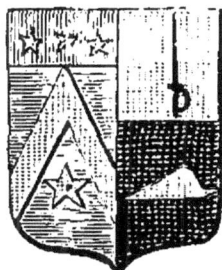

La famille Bugeaud, quoique d'origine noble, n'avait aucune illustration avant Thomas-Robert Bugeaud de la Piconerie qui, après avoir gagné ses grades militaires sur les champs de bataille de l'empire, s'occupa d'agriculture pendant la restauration, reprit du service sous Louis-Philippe, et se distingua en Algérie, non-seulement comme général mais aussi comme organisateur. Il fut fait duc après la victoire d'Isly, en 1844, et mourut en 1849. Son fils, encore jeune, est officier de la maison de l'Empereur Napoléon III.

J

JOINVILLE (de), D'azur à 3 broyers d'or ; au chef d'argent chargé d'un lion naissant de gueules. (*Hist. des gr. off. T. VI.p. 492*).

La maison de Joinville, originaire de Champagne, a tenu longtemps les premiers emplois à la cour des comtes de cette pro-

vince. Geoffroy de Joinville, sénéchal de Champagne,
fit le voyage de Terre-Sainte, et se signala au siége
d'Acre, en 1190. Guillaume de Joinville, archevêque
de Reims, sacra le roi Louis VIII, en 1223. Jean, sire
de Joinville, sénéchal de Champagne, écrivit avec un
rare talent l'histoire du roi saint Louis, qu'il avait
accompagné dans les croisades. Henri, sire de Joinville, se signala à la bataille de Poitiers, où il demeura
prisonnier. Après lui, sa famille s'éteignit, et son
titre passa à la maison de Lorraine.

—

JOYEUSE (de). Pallé d'or et d'azur
de six pièces; au chef de gueules,
chargé de trois hydres d'or. (*Hist.
des gr. off. T. III. p. 835*).

La maison de Joyeuse, en Languedoc, est une des meilleures et des plus
anciennes du royaume. On cite, parmi ses plus illustres représentants, Guillaume, vicomte de Joyeuse,
maréchal de France, et lieutenant-général de Languedoc, qui mourut en 1592. Anne de Joyeuse, l'un des
favoris d'Henri III, duc et pair, et amiral de France,
chargé par le roi de combattre les Huguenots de
Guyenne, perdit la vie au siége de Coutras, en 1587.
François, cardinal de Joyeuse, archevêque de Toulouse,
frère des précédents, tint sur les fonts baptismaux,
pour le pape, le dauphin Louis XIII, et le sacra plus
tard à Reims; il mourut en 1615. Henri de Joyeuse,

pair et maréchal de France, grand-maître de la garde-robe du roi, devint un des ligueurs les plus fougueux, et fut un des derniers à faire la paix avec Henri IV. Henriette de Joyeuse entra dans la famille royale, en épousant Henri de Bourbon, duc de Montpensier, en 1599. Jean-Armand de Joyeuse prit part à toutes les guerres du règne de Louis XIV, et fut fait maréchal de France, en 1693.

JUNOT D'ABRANTÈS. Écartelé au 1er de sable à 3 corbeaux d'argent posée 1, 2, et trois étoiles de même posées 2, 1 ; au 2e d'azur au palmier d'or sou-tenu d'un croissant d'argent ; au 3e d'azur au vaisseau à trois mâts d'or, soutenu d'une mer d'argent ; au 4e de sable au lion rampant d'or chargé d'une épée haute en pal d'argent.

La famille Junot a été anoblie par Napoléon en faveur des services rendus par le général Junot, qui, parti comme aide de camp à la campagne d'Egypte, devint commandant de Paris, ambassadeur à Lisbonne, et prit part aux expéditions d'Espagne et de Russie. Il mourut en 1813. Sa femme, la duchesse d'Abrantès, s'est distinguée par son esprit, et a écrit des Mémoires pleins d'intéret. Cette famille existe encore.

K

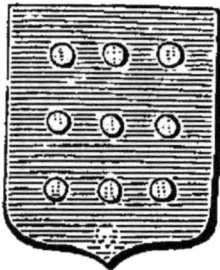

KERKADO (le Sénéchal de). D'azur à neuf macles d'or posées 3, 3, et 3. (*G. de Genouillac, Recueil d'armoiries*).

Cette famile est originaire de Bretagne, et paraît être noble depuis le XIIIe siècle. Ives le Sénéchal, abbé de Redon, est célèbre pour avoir pris la défense de Gilles de Bretagne contre ceux qui conseillaient au duc François de le faire mourir. Jean le Sénéchal fut tué près de François Ier à Pavie, en combattant bravement. François de Kerkado soutint, en Bretagne, le parti de Henri IV, et devint gentilhomme de sa chambre. Eustache le Sénéchal, évêque de Tréguier, fut aumônier d'Anne d'Autriche. René-Alexis de Kercado servit sous Louis XIV en Flandre et en Espagne, et fut fait lieutenant-général des armées en 1708. Pierre-Marie fut doyen de la noblesse de Bretagne aux Etats généraux. Cette famille existe encore.

L

La Force (Caumont de). D'azur à trois léopards d'or. (*Hist. des gr. off.* *T. III. p. 463*).

La famille de La Force, branche des Caumont, a fourni plusieurs personnages illustres, parmi lesquels il faut citer : Jacques Nompar de Caumont, duc de La Force, pair et maréchal de France, qui fut un des premiers à reconnaitre Henri IV. Il servit avec distinction en Piémont sous Louis XIII, et mourut en 1652. Armand de La Force, fils du précédent, est devenu également maréchal de France. Il a laissé des mémoires sur sa vie, et mourut en 1675. Charlotte de La Force s'est rendue célèbre comme femme d'esprit et écrivain. Elle a laissé plusieurs romans ingénieux. Sa mort arriva en 1724.

Lamoignon (de). Lozangé de sable et d'argent au franc quartier d'hermine.

Cette famille, originaire du Nivernais, et qui remonte à saint Louis, est remarquable par les grands hommes qu'elle a produits. Charles de Lamoignon, né en 1514, fut conseiller d'Etat sous

François Ier et Charles IX le pourvut d'un office de maître des requêtes. Chrétien de Lamoignon, seigneur de Baville, fut président au parlement de Paris en 1633. Guillaume de Lamoignon, marquis de Baville, fut premier président au parlement de Paris. Louis XIV, en lui apprenant sa nomination, prononça ces paroles devenues célèbres : « Si j'avais connu un plus homme de bien que vous, je l'aurais choisi. » Il refusa de présider la commission qui jugea Fouquet, et mourut en 1677. Nicolas de Lamoignon de Baville, intendant du Languedoc, déploya contre les protestants un zèle qu'on a trouvé excessif. Guillaume de Lamoignon de Malesherbes fut chancelier de France en 1750. Chrétien-Guillaume de Lamoignon de Malesherbes, ministre sous Louis XIV, mourut en 1794 sur l'échafaud. On a de lui un grand nombre d'ouvrages remarquables.

—

La Rochefoucault (de). Burelé d'argent et d'azur, à trois chevrons de gueules sur le tout. (*Hist. des gr. off. T. III. p. 414*).

Cette famille illustre et ancienne est originaire d'Angoumois. Elle compte parmi ses membres : François de la Rochefoucault, qui eut l'honneur de tenir, en 1494, François Ier sur les fonts baptismaux, et fut, dans la suite, son chambellan. François de la Rochefoucault, cardinal-évêque de Clermont sous Henri IV, fut président du conseil d'Etat.

François de la Rochefoucault, d'abord connu sous le
nom de prince de Marsillac, fut d'abord frondeur, puis
gouverneur du Poitou ; il est célèbre surtout comme
écrivain. Ses Maximes passent pour un chef-d'œuvre.
Il mourut en 1680. Louis-Alexandre de la Rochefoucault, député aux Etats généraux, paya de sa vie la
noblesse de son nom, malgré ses idées libérales. François de la Rochefoucault-Liancourt, grand-maître de
la garde-robe de Louis XVI, se rendit célèbre comme
royaliste et comme philanthrope ; il traversa la révolution, et fut disgracié par Charles X. Cette illustre
famille a encore des rejetons.

—

La Roche-Jaquelein (Du Vergier de).
De sinople à la croix d'argent chargée
en cœur d'une coquille de gueules et
cantonnée de 4 coquilles d'argent.

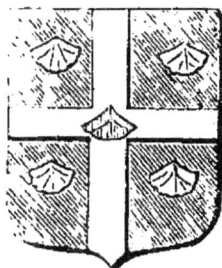

Cette famille illustre, originaire du
Poitou, remonte aux croisades Ai-
mery du Vergier accompagna saint Louis outre mer.
La branche la plus célébre est celle de la Roche-Jacquelein, qui a donné : Louis Du Vergier, partisan
de Henri IV, qui fut blessé à Arques. Henri-Auguste,
marquis de la Roche-Jacquelein, maréchal de camp
en 1788, qui passa à Saint-Domingue pendant la révolution. Henri son fils, général en chef des armées
royales en Vendée, est celui à qui on doit ces belles
paroles : « Si j'avance suivez-moi, si je recule tuez-

moi, si je meurs vengez-moi ! » Il fut tué en 1794, à
l'âge de 21 ans. Auguste, comte de la Roche-Jacquelein, maréchal de camp, son frère, combattit également
en Vendée, et se distingua en Espagne en 1823. Louis,
frère du précédent, maréchal de camp, émigra pendant la révolution, servit en Amérique, puis revint offrir
ses services à Louis XVIII, et mourut blessé dans une
affaire engagée contre les colonnes impériales. Henri
de la Roche-Jacquelein, fils du précédent, est aujour-
d'hui sénateur de l'Empire.

—

LE MEINGRE DE BOUCICAULT. D'argent
à l'aigle éployé de gueules, becqué et
membré d'azur. (*Hist. des gr. off.*
T. VI. p. 753).

Cette famille, originaire de Touraine,
ne paraît pas dans l'histoire avant 1360. Le plus
célèbre de ses membres est Jean, né à Tours, vers
1364, qui combattit à côté de Charles VI à Rosebecque,
suivit Jean Sans-Peur dans sa croisade contre Bajazet,
fut fait prisonnier à Nicopolis en 1396, assista à la
bataille d'Azincourt livrée malgré lui, et mourut prisonnier en Angleterre. On a de lui des Mémoires, qui
ont été écrits sous ses yeux.

—

LE LIVRE D'ARMES.

LENONCOURT (de). D'argent à la croix engrêlée de gueules.

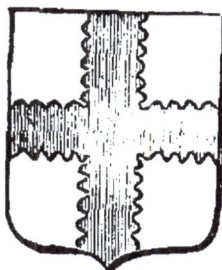

Cette famille, originaire de Lorraine, a produit plusieurs grands hommes parmi lesquels on cite : Robert de Lenoncourt, cardinal-archevêque d'Embrun, en 1538. Il avait sacré le roi François Ier, et mérita le titre de père des pauvres. Philippe de Lenoncourt, cardinal-archevêque de Reims, fut honoré de la confiance de Henri III (1586). On peut citer encore Henri de Lenoncourt, maréchal de camp, en 1580, et plusieurs autres.

—

LESDIGUIÈRES (de Bonne de). De gueules au lion d'or, au chef cousu d'azur, chargé de trois roses d'argent.

La famille de Lesdiguières, originaire du Dauphiné, est d'une ancienne noblesse. Jean de Bonne, seigneur de Lesdiguières, était à la bataille de Marignan, en 1515. François de Bonne, duc de Lesdiguières, pair, maréchal et connétable de France, se rendit célèbre comme chef des calvinistes, et contribua puissamment à placer Henri IV sur le trône. Il fit ensuite la guerre avec le plus grand succès en Savoie, et servit Louis XIII avec le même dévouement que son père. Ce prince, en récompense, le fit généralissime de ses armées et connétable de France. Il mourut en 1626, ne laissant que des filles.

—

LEVIS (de). D'or à trois chevrons de sable. (*Hist. des gr. off. T. III. p. 1*).

Cette famille est originaire de l'Ile de France. Elle est de fort ancienne noblesse. On cite parmi ses membres : Bernard de Lévis, qui s'acquit beaucoup de réputation au recouvrement de la Guyenne sur les Anglais, sous Charles VII ; Philippe de Lévis, qui fut archevêque d'Auch ; Anne de Lévis, duc de Ventadour, pair de France, gouverneur du Limousin en 1590 ; un autre Anne de Lévis, fils du précédent, qui était archevêque de Bourges, en 1660 ; Charles-Eugène de Lévis, pair de France, fut fait maréchal de camp en 1704, et gouverneur du Berry en 1728 ; Gaston de Lévis, maréchal de camp, fut ambassadeur à Vienne en 1737. Cette famille existe encore et est très-honorablement représentée.

—

LOUVOIS (de). D'azur à trois lézards rangés d'argent, au chef cousu de gueules chargé de trois étoiles d'or. (*G. de Genouillac, Recueil d'armoiries*).

La famille Le Tellier de Louvois commença à briller sous Louis XIII, dans la personne de Michel Le Tellier, chancelier de France. Il eut la plus grande part au traité de Rueil, et contribua beaucoup par ses conseils à l'extinction des troubles qui signalèrent la minorité de Louis XIV. Claude-Maurice Le Tellier, archevêque de Reims, pair de France, doyen des conseils du roi, fut un prélat également recommandable par ses vertus et son érudition. François-Michel Le Tellier, marquis de Louvois, secrétaire d'Etat et ministre de la guerre, fut un des hommes les plus illustres du grand règne de Louis XIV.

LUSIGNAN (de). Burelé d'argent et d'azur. (G. de Genouillac, Recueil d'armoiries).

La famille de Lusignan, originaire du Poitou, est une des plus illustres de France. Elle a donné des rois de Chypre et de Jérusalem, et brillé du plus grand éclat pendant toute l'ère des Croisades. On cite de cette maison : Guy de Lusignan, qui devint, par son mariage, roi de Jérusalem, en 1186, et dont la postérité régna sur l'île de Chypre. Etienne de Lusignan, évêque de Limisso, mort en 1590, qui a écrit plusieurs ouvrages. Le marquis de Lusignan, député de la noblesse de Gascogne aux Etats généraux, en 1789, mourut en 1813. Cette famille existe encore en Poitou, mais elle a cessé de se mêler aux affaires.

M

Mac-Carthy (de). D'argent au cerf passant de gueules, ramé de dix cors et onglé d'or. (B. d'Hauterive, Revue de la noblesse).

Issue d'une de ces anciennes et grandes races qui régnaient sur l'Irlande au moyen âge, la famille de Mac-Carthy vint en France à l'époque des Stuarts. Elle n'a cessé, depuis lors, de s'y distinguer dans l'Eglise, les lettres et les armes.

—

Maillé (de). D'or à trois fasces nébulées de gueules.

Cette ancienne maison, originaire de Touraine, a fourni plusieurs branches dont la principale est celle de Maillé de Brézé. Ses représentants les plus remarquables ont été : Hardouin, sénéchal de Poitou, en 1232; Jaquelin de Maillé, l'un des héros des Croisades, dont la bravoure était si grande que les Sarrasins le prirent pour saint Jacques ; Hardouin de Maillé, qui accompagna saint Louis en Egypte ; Simon de Maillé-Brézé, archevêque de Tours, en 1554 ; il traduisit saint Basile en latin ; Urbain de Maillé-Brézé, capitaine des gardes du corps de la reine Marie de Médicis, puis maréchal de

France, ambassadeur en Hollande et gouverneur d'Anjou en 1636. Armand de Maillé-Brézé, duc de Fronsac, neveu de Richelieu, fut surintendant général de la navigation, gouverneur de l'Aunis, pair de France, et se distingua comme marin. Il fut tué sur mer d'un coup de canon en 1646.

—

MAILLY (de). D'or à trois maillets de gueules. (*Hist. des gr. off. T. VIII. p. 625*).

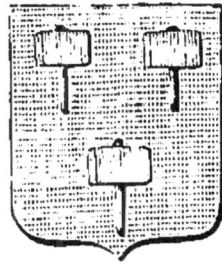

La maison de Mailly est originaire de Picardie. Nicolas de Mailly, chevalier, se croisa en 1199, commanda la flotte de Flandre, et fut député par l'empereur latin d'Orient Baudoin, vers le pape Innocent III. Matthieu de Mailly s'acquit une grande réputation dans les guerres de Philippe-Auguste contre Richard, roi d'Angleterre. Gilles de Mailly suivit le roi saint Louis à la croisade en 1248, avec trois bannières et neuf chevaliers. Jean de Mailly fut conseiller et chambellan de Louis XI. Robert de Mailly fut chambellan et grand pannetier de France en 1403. René de Mailly se signala à Hesdin en 1537. René marquis de Mailly servit longtemps avec distinction dans les armées, et fit toutes les guerres de son temps. Il mourut en 1695 Louis de Mailly, marquis de Nècle, se signala à la bataille d'Audenarde, et battit deux escadrons ennemis avec les gens d'armes écossais qu'il commandait. Louis de

Mailly de Rubempré était déjà maréchal de camp lorsqu'il mourut en 1699 n'étant âgé que de 37 ans.

—

MALET DE GRAVILLE, DE LA JORIE, DE COUPIGNY, DE CRAMESNIL (de). De gueules à trois fermails d'or, posés 2 et 1. (*B. d'Hauterive, Revue de la noblesse. T. II*).

Cette famille est originaire de Normandie. Trois de ses membres figurent parmi les seigneurs qui accompagnèrent Guillaume-le-Conquérant à la conquête d'Angleterre (1066). Elle a eu beaucoup de branches. Guillaume Malet, sire de Graville, figure parmi les héros de la première croisade. Robert Malet servit de témoin au couronnement de saint Louis. Jean Malet prit part à la dernière croisade. Un autre Jean Malet de Graville conspira avec Charles-le-Mauvais contre le roi Jean Ier, et fut décapité. Gui de Malet fit la guerre en Flandre avec Charles VI, et fut créé chevalier de Rosbecq. Il combattit à Azincourt en 1415. Un autre Jean Malet, sire de Graville et de Marcoussis, eut au rapport d'Alain Chartier, un duel avec Geoffroy Le Meingre de Boucicault. Il combattit à côté de Jeanne d'Arc au siége d'Orléans, en 1429. Louis Malet, amiral de France, fut un de ceux qui eurent le plus de crédit à la cour de Louis XI. Henri-Joseph, comte Malet de la Jorie, fut fait maréchal de camp par Louis XVIII. Cette famille existe encore. Elle habite depuis longtemps le Limousin et le Périgord.

MARIGNY (de). De gueules à deux bars accolés d'argent.

La famille de Marigny est originaire de Normandie. Elle commença à devenir célèbre par Enguerrand de Marigny, chambellan et intendant des finances de Philippe-le-Bel. C'était un habile ministre, mais on lui reproche d'avoir été l'un des ardents instigateurs du fatal procès des Templiers. Il mourut pendu à Montfaucon en 1315. Philippe de Marigny fut évêque de Cambrai, puis archevêque de Sens; il mourut à Paris en 1325. Jean de Marigny, chantre de l'église de Paris, fut successivement évêque de Beauvais, garde des sceaux, puis archevêque de Rouen, en 1351. Cette famille s'éteignit en 1391.

—

MARILLAC (de). D'argent maçonné de sable, rempli de six merlettes de même, et un croissant de gueules en cœur. (*Hist. des gr. off. T. VII. p. 479*).

Famille illustre d'Auvergne, qui commence à paraître en 1506. Elle a produit : Charles de Marillac, habile négociateur, évêque de Vienne. Il fut chargé de missions importantes en Turquie, en Angleterre, et assista à la diète d'Augsbourg en 1552. Le roi François II avait en lui la plus entière confiance. Michel de Marillac fut nommé, en 1624, garde de sceaux par Richelieu. Il mourut en prison en 1632, emportant la réputation d'un magistrat intègre. Louis de Marillac, maréchal de France, servit d'abord sous Henri IV, fit avec Richelieu le *siége* de la Rochelle, et commanda l'armée en Champagne. Dévoué à Marie de Médicis, il fut arrêté par ordre de Richelieu à la tête de ses troupes, et mis à mort. Louise de Marillac, qui avait épousé M. Legras, fut, avec saint Vincent de Paul, fondatrice et première supérieure des sœurs de Charité. Elle mourut en 1662.

—

MARK (de la). D'or à la fasce échiquetée d'argent et de gueules de trois traits, au lion issant de gueules en chef.

Cette maison, d'origine flamande, a fourni à la France plusieurs personnages illustres. Guillaume de la Mark, surnommé le Sanglier des Ardennes, chambellan de Louis XI, fit pour le service de ce prince soulever les Liégeois contre le duc de Bourgogne, en 1483. Il tomba plus tard aux mains de l'archiduc d'Autriche et fut mis à mort. Robert de la Mark, duc de Bouillon, fut chef des bandes noires à la journée de Novarre, où il soutint l'effort des Suisses avec beaucoup de courage, pour le service de la France, en 1513. Il fut fait prisonnier à Pavie, et revêtu, en 1526, du bâton de maréchal de France. Charles Robert, duc de Bouillon, maréchal de France, fut blessé au siége de Rouen en 1562.

MAZARIN. D'azur à un faisceau d'or lié d'argent, du milieu duquel s'élève une hache d'armes ; à une fasce de gueules sur le faisceau, chargée de trois étoiles d'or.

Cette famille, originaire d'Italie, ne vint en France que sous Louis XIII, à la suite de la brillante fortune du cardinal de ce nom, qui fut ministre tout-puissant pendant la minorité de Louis XIV. Il eut beaucoup d'amis ; c'est contre lui que fut suscitée la Fronde. Cependant, il laissa, comme Richelieu, la réputation d'un ministre hors ligne. Une de ses nièces, héritière de ses biens immenses, épousa le fils du maréchal de la Meilleraie, Charles de la Porte, qui prit son nom et ses armes. Cette famille ne prospéra pas, et s'éteignit vite.

—

MELUN (de). D'azur à sept besans d'or posés 3 3 et 1 ; au chef d'or.

Cette famille, connue depuis le Xe siècle, a longtemps été une des plus illustres de France. Elle a produit, entre autres personnages : Guillaume de Melun, dit le Charpentier, l'un des principaux chevaliers qui aidèrent Godefroid de Bouillon à conquérir la Terre-Sainte. Adam de Melun, général de Philippe-Auguste, fut envoyé dans le Poitou en 1208, et y réprima les rebelles. Charles de Melun, favori de

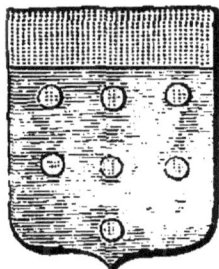

Louis XI, devint grand-maître de France ; mais ce prince le soupçonna ensuite de correspondre avec ses ennemis, et le fit mettre à mort, en 1468. Louis de Melun, lieutenant-général, se distingua à Valenciennes, à Cassel et à Ypres ; il défendit le Havre contre les Anglais.

—

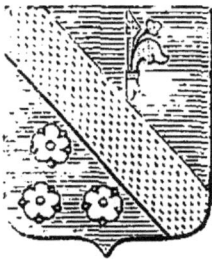

MIRABEAU (Riquetti de). D'azur à la bande d'or accompagnée en chef d'une demi-fleur de lis de même florancée d'argent, et en pointe de trois roses d'argent.

Cette famille, originaire de Provence, remonte à 1350. Les plus célèbres de ses membres sont : Victor Riquetti, marquis de Mirabeau, auteur de plusieurs ouvrages d'économie politique, dont l'un le fit mettre à la Bastille en 1760. Honoré Riquetti, comte de Mirabeau, fils du précédent, fut le plus grand orateur de la révolution française. Sa jeunesse fut très-orageuse. Devenu député du Tiers-Etat d'Aix à l'assemblée de 1789, il y mérita par ses discours le surnom de Démosthènes français. Il commençait, dit-on, à se rapprocher de la royauté, lorsqu'il mourut subitement en 1791.

—

*Molé. Ecartelé : aux 1 et 4 de gueu-
les au chevron d'or accompagné en
chef de deux étoiles de même, et en
pointe d'un croissant d'argent; aux 2
et 3 d'argent au lion de sable armé et
lampassé d'or. (*G. de Genouillac, Recueil d'armoiries*).

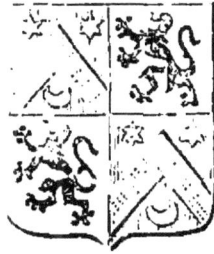

Cette famille, originaire de Champagne, est illustre
dans la robe, depuis Guillaume Molé, qui vivait sous le
règne de Charles VII. Edouard Molé, qui fut président
à Mortier au parlement de Paris, eut beaucoup à souffrir pendant la Ligue. Ce fut lui qui négocia en secret
l'abjuration de Henri IV. Matthieu Molé, qui fut premier président et garde des sceaux, déploya durant une
longue carrière toutes les vertus d'un grand magistrat.
Il mourut en 1656. Ses descendants gardèrent de père
en fils l'emploi de président à Mortier jusqu'à la révolution de 93. Un Molé, pair de France, et ancien président du conseil, était de cette famille.

—

Monfort-l'Amaury (de). De gueules
au lion d'argent la queue nouée, four-
chée et passée en sautoir.

Maison de l'Ile de France, qui était
très-florissante dès le Xe siècle. Elle a
donné : Simon de Monfort dit le Mac-
chabée, célèbre par la guerre qu'il fit aux Albigeois
dans le XIIIe siècle. Amaury de Monfort essaya vaine-
ment de continuer les succès de son père dans le midi.

Il devint connétable de France, sous Louis IX, et ayant été envoyé en Orient au secours des chrétiens de la Terre-Sainte, il fut fait prisonnier devant Gaza, en 1241. Il mourut sans avoir revu la France. Cette famille est éteinte.

—

MONTALEMBERT (de). D'argent à la croix ancrée de sable.

Cette famille est originaire du Poitou ; elle est anciennement connue, et a fourni plusieurs rameaux importants. André de Montalembert, lieutenant-général des armées, fit ses premières armes à la bataille de Fornoue, en 1495. Il servit avec éclat contre Charles-Quint. Blessé au bras près de Landrecies, il reçut en récompense de François-Ier une charge de gentilhomme de la chambre, ce qui fit dire aux courtisans qu'il était plus propre à donner une camisarde à l'ennemi qu'une chemise au roi. Il périt devant Térouane au moment de recevoir le bâton de maréchal. Le célèbre comte de Montalembert, écrivain distingué, et l'un des quarante de l'académie française, continue l'illustration de cette famille.

—

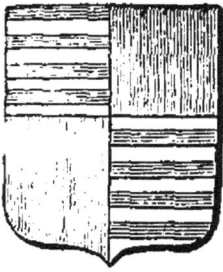

MONTBERON (de). Ecartelé au 1 et 4 fascé d'argent et d'azur au 2 et 3 de gueules.

Cette famille commença à devenir célèbre sous Charles VI, dans la personne de Jacques de Montberon, sénéchal d'Angoumois, maréchal de France, chambellan du roi, qui se distingua surtout dans les guerres de Gascogne, sous le maréchal de Sancerre. Adrien de Montberon suivit Charles VIII à la conquête de Naples, et fut blessé près du roi à la bataille de Fornoue. Louis de Montberon, gentilhomme de la chambre du roi, était chevalier d'honneur de la reine Marguerite de Valois. Jean de Montberon, conseiller d'Etat, devint premier écuyer de la duchesse d'Orléans, en 1640.

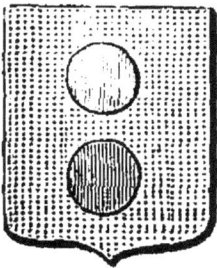

MONTESQUIOU-FEZENZAC. D'or à deux tourteaux de gueules en pal. (*Hist. des gr. off. T. VII. p. 263*).

La famille de Montesquiou remonte fort loin dans l'histoire de Gascogne. Sa généalogie existe depuis 960. Les plus célèbres de cette race sont : le baron de Montesquiou, capitaine des gardes du duc d'Anjou, qui assista à la bataille de Jarnac. Pierre Montesquiou d'Artagnan, fut maréchal de France sous Louis XIV et commanda l'aile droite à Malplaquet. Le marquis Pierre de Montesquiou assista aux Etats généraux, et servit sous la

république. L'abbé François-Xavier de Montesquiou fut
ministre sous la Restauration. Cette famille existe
encore.

—

MONTHOLON (de). D'azur à un mouton passant d'or, surmonté de trois
roses de même.

Cette famille est originaire de Bourgogne. Elle a produit plusieurs personnages célèbres parmi lesquels :
Guillaume de Montholon, conseiller d'État, et ambassadeur en Suisse, en 1620 ; François de Montholon,
président au parlement de Paris, et garde des sceaux
de France, en 1542 ; son fils, François de Montholon,
fut également garde des sceaux de Henri III. Cette
famille a fourni, en outre, un grand nombre de conseillers d'État et d'avocats distingués. On a dit que la
probité y était héréditaire.

—

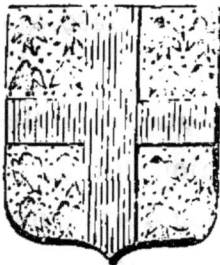

MONTMORENCY (de). D'or à la croix
de gueules cantonnée de 16 alérions
d'azur. (*Hist. des gr. off. T. VI. p.
229*).

Cette illustre maison, originaire de
l'Ile de France, remonte au Xe siècle.
Elle a fourni un très-grand nombre de personnages
célèbres. Mathieu de Montmorency reçut, en 1130, la
charge de connétable de France ; il épousa la veuve de

Louis-le-Gros, et partagea avec Suger la régence du royaume, pendant la croisade de Louis-le-Jeune. Un autre Mathieu de Montmorency, surnommé le Grand-Connétable, eut une grande part à la victoire de Bovines. Lous VIII en mourant plaça son fils sous la protection de cet illustre guerrier, qui était parent de tous les rois de l'Europe. Anne de Montmorency, l'un des plus grands capitaines français, fit ses premières armes à Marignan. Il partagea, à Pavie, la captivité de François Ier. Il reçut l'épée de connétable en 1538, et périt en 1567, en combattant les protestants. Henri de Montmorency fut fait connétable par Henri IV ; ce personnage éminent ne savait pas écrire. Henri, amiral de Montmorency, fit la guerre en Piémont, et y obtint le bâton de maréchal, en 1629. Il fut plus tard condamné à mort et exécuté à Toulouse comme conspirateur. Mathieu-Félicité fit, dans sa jeunesse, la guerre d'Amérique, et, devenu député aux États généraux, proposa l'abolition des titres de noblesse ; mais depuis, il changea d'opinion, et devint précepteur du duc de Bordeaux. Cette illustre famille est encore très-dignement représentée.

—

MORNAI (de). Burelé d'argent et de gueules au lion morné de sable, couronné d'or brochant sur le tout. (*Hist. des gr. off. T. VI. p. 279*).

Cette famille, originaire de Berry, vers 1280, a formé plusieurs branches, et fourni beaucoup de personnages illustres. Philippe de Mornai, premier du nom, vivait du temps de Louis-le-Jeune, et de saint Bernard, dont il était ami. Pierre de Mornai, évêque d'Auxerre, et chancelier de France, fut mêlé dans les différends du roi Philippe-le-Bel et du pape Boniface VIII. Etienne de Mornai, doyen de Saint-Martin de Tours, fut chancelier de France, en 1318. Philippe de Mornai fut conseiller d'Etat de Henri IV, qui l'employa dans plusieurs affaires délicates. La descendance de cette famille n'a pas cessé de servir avec distinction dans l'armée.

N

NARBONNE-PELET (de). De gueules à un écusson d'argent au chef de sable.

« Si je n'étais Bourbon, disait le prince de Conti, je voudrais être Pelet. » Cette famille est, en effet, une des plus anciennes du Languedoc, et elle n'a cessé jusqu'à nos jours de fournir des hommes remarquables dans l'armée. Louis, baron de Combas, servit avec la plus grande distinction sous le maréchal de Toiras en Italie, il se couvrit d'honneur à la bataille de Leucate. Claude-Raymond servit avec honneur, dans les dernières guerres de Louis XIV. Jean-François fut employé, en qualité d'aide-major général de l'infanterie du Bas-Rhin.

NEUFVILLE DE VILLEROI (de). D'azur au chevron d'or accompagné de trois croix ancrées de même. (*Hist. des gr. off. T. III, p. 592*).

La maison de Neufville est originaire de l'Ile de France. C'est elle qui vendit les Tuileries à nos rois, ce qui remonte à 1518. Ses principaux membres sont : Nicolas de Neufville, seigneur de Villeroi, qui fut employé par la reine Catherine de Médicis, comme ambassadeur. Il servit successivement sous Charles IX, Henri III, Henri IV, et Louis XIII. Il a laissé des Mémoires. Charles de Villeroi fut, sous Henri IV, ambassadeur à Rome, et gouverveur du Lyonnais. Nicolas de Neufville fit la guerre en Piémont, en Espagne, en Lorraine, et devint gouverneur de Louis XIV, qui l'éleva au maréchalat. François de Neufville de Villeroi fut un galant chevalier mais un mauvais maréchal. Il ne doit sa renommée qu'à la faveur particulière de Louis XIV, avec qui il avait été élevé.

—

NEY (de la Moskowa). D'or, bordé d'azur. En cœur un écusson d'azur à l'orle d'or accompagné à dextre et à senestre d'une main armée d'un sabre de sable, au chef d'azur semé d'étoiles d'or.

Cette famille de noblesse impériale n'avait aucune

illustration avant *Michel Ney*, né à Sarrelouis, en 1769, qui commença à se distinguer pendant les guerres de la Révolution française. Il fut créé maréchal par Napoléon, qui l'employa tantôt comme ambassadeur, tantôt comme général. Ses compagnons l'avaient surnommé le brave des braves. Après s'être illustré en Prusse et en Espagne, il s'immortalisa surtout pendant la retraite de Russie, et fut fait prince de la Moskowa. Il avait pris du service sous Louis XVIII, après l'abdication de Napoléon, et, étant revenu avec *ses troupes à son ancien maître pendant les cent jours*, il fut condamné comme traître et fusillé. Ses fils sont aujourd'hui en faveur auprès du gouvernement impérial.

———

NICOLAÏ (de). D'azur au levrier d'argent colleté d'un collier de gueules, bordé, bouclé et cloué d'or.

Cette famille illustre de robe, originaire de Provence, remonte au règne de Charles VIII, que Jean de Nicolaï, conseiller au parlement de Toulouse, accompagna au royaume de Naples. Ce magistrat devint premier président de la chambre des comptes, en 1518. Neuf de ses descendants ont exercé successivement cet emploi jusqu'en 1734. Cette famille subsiste encore.

———

Noailles (de). De gueules à la bande d'or.

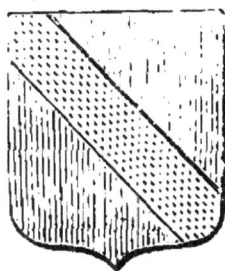

Cette ancienne maison est une des plus illustres de la province de Limousin. Elle remonte à 1225. Ses principaux représentants sont : Antoine de Noailles, lieutenant du roi en Guyenne et maire de Bordeaux, qui fut ambassadeur en Angleterre, chambellan des enfants de France et amiral en 1547. François de Noailles, *évêque de Dax, fut un des plus habiles négociateurs de son siècle. Charles IX l'envoya jusqu'à Constantinople, où il rendit de grands services à la chrétienté.* Louis-Antoine de Noailles, archevêque de Paris, et cardinal en 1700, fut plus célèbre qu'habile théologien. Anne-Jules de Noailles, maréchal de France, commença à se signaler en Hollande, il fut ensuite employé contre les protestants. Adrien-Maurice se distingua dans les guerres de succession d'Espagne, fut créé duc et pair par Louis XIV, et devint, sous la régence, président du conseil des finances. Il a écrit des Mémoires. Louis-Marie de Noailles prit part à l'expédition d'Amérique, avec Lafayette, et fut général sous l'Empire. Cette famille n'a pas cessé de s'occuper avec succès des affaires publiques ou de briller dans les lettres.

NOGARET (de). D'argent au noyer de sinople. (*Hist. des gr. off. T. VI. p. 299*).

Famille originaire de Languedoc, qui commença à devenir célèbre par Guillaume de Nogaret, chancelier de Philippe-le-Bel, qui se porta aux plus grandes violences contre Boniface VIII, en 1303. Jean-Louis de Nogaret de la Valette, duc d'Epernon, pair et amiral de France, fut favori de Henri III. Henri de Nogaret de la Valette, dit de Foix, fut généralissime des galères Vénitiennes ; il mourut à Casal, en 1639. Louis de Nogaret de la Valette, dit le cardinal d'Epernon, sous le ministère de Richelieu, mourut en 1639.

O .

ORNANO (d'). Ecartelé 1 et 4 d'azur au château d'or maçonné de sable : 2 et 3 d'or au lion de gueules au chef d'azur, chargé d'une fleur de lis d'or. (*Boisseau, Promptuaire armorial*).

Anciens souverains, comtes de Cavre, les d'Ornano n'ont cessé depuis leur origine, qui remonte au XVe siècle, de fournir des sujets aux emplois les plus importants. On compte parmi eux un cardinal, plusieurs prélats, des chevaliers du Temple et de l'Hôpital, deux maréchaux de France, un pair de France, plus de dix généraux, et cette liste de héros n'est point encore achevée, puisque l'illustre souche compte encore des rejetons.

—

OUDINOT DE REGGIO. Parti de gueules à trois casques tarés de profil d'argent; et d'argent au lion de gueules tenant une grenade de sable enflammée de gueules; au chef de gueules semé d'étoiles d'argent.

Cette famille est de noblesse impériale. Sa première illustration est Nicolas-Charles Oudinot, maréchal de France, né en 1767. Il débuta dans la carrière des armes, par la défence de Bitche, et prit part à toutes les guerres glorieuses de la République et de l'Empire. C'est après s'être couvert de gloire à la bataille de Wagram, qu'il fut anobli. Victor Oudinot, général de division, fils du précédent, a dirigé l'expédition d'Italie en 1849, et commandé l'armée qui s'empara de Rome pour y rétablir l'autorité de Pie IX.

P

PASTORET (de). D'or à la bande de gueules chargé d'un berger d'argent, adextré d'un chien couché à la tête contournée, de même.

Cette famille de magistrats est célèbre depuis le XIVe siècle. On cite parmi

ses membres : Jean Pastoret avocat au parlement, qui contribua, avec Maillard, à remettre Paris sous l'obéissance du dauphin, en 1358. Un autre Jean Pastoret fut membre du conseil de régence de Charles VI. Claude, marquis de Pastoret, tint un instant sous Louis XVI le portefeuille de la justice, devint professeur au collège de France, sénateur, pair et chancelier de France sous la Restauration, et mourut en 1840, en laissant d'importants ouvrages, qui lui ouvrirent les portes de nos deux académies.

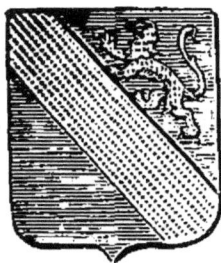

—

PIERRE DE BERNIS (de). D'azur à la bande d'or surmontée d'un lion de même armé et lampassé de gueules.

Famille illustre et ancienne du Languedoc, les de Pierre remontent aux croisades, et ont joui d'une très-grande réputation que leurs descendants soutiennent encore. Guillaume de Pierre était écuyer de Philippe-le-Bel en 1294. Jean-Jacques de Pierre de Bernis fut tué à Fontanette, au service du roi, en 1636. Joachim de Pierre fut page en 1656. François-Joachim, cardinal de Pierre de Bernis, est surtout connu comme poète. Il fut ambassadeur à Rome, ministre, et archevêque d'Alby, en 1764. La Révolution française lui fit perdre ses fonctions. Il mourut pauvre en 1794.

—

POLIGNAC (de). Fascé d'argent et de gueules de six pièces.

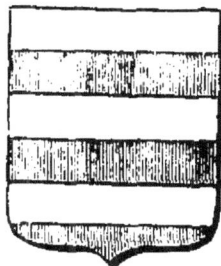

Cette maison est une des plus anciennes et des plus illustres de l'Auvergne. Sidoine-Apollinaire, évêque de Clermont, poète et écrivain remarquable du V° siècle de l'ère chrétienne, passe pour avoir appartenu à cette famille. Le cardinal Melchior de Polignac, né en 1661, fut plusieurs fois ambassadeur et ministre sous Louis XIV. Il a publié un poème latin intitulé l'*Anti-Lucrèce*. Sidoine-Scipion de Polignac fut, à la même époque, lieutenant-général des armées du roi; il mourut en 1739. La duchesse Jules de Polignac fut intime amie de Marie-Antoinette, qui la fit gouvernante des enfants de France et la combla de bienfaits. Armand et Jules de Polignac furent impliqués dans la conjuration de Pichegru et de Georges Cadoudal. C'est pendant le ministère de l'un d'eux que furent signées les ordonnances qui amenèrent la Révolution de 1830. Cette famille compte encore aujourd'hui plusieurs membres dans l'armée.

—

POMPADOUR (de). D'azur à trois tours d'argent maçonnées de sable.

Cette famille, originaire du Limousin, remonte à 1095. Elle a produit, entre autres illustrations : Jean, seigneur de Pompadour, conseiller et

chambellan de Louis XI. Antoine de Pompadour, maître d'hôtel de Charles VIII, conseiller et chambellan de
Louis XII. Geoffroy, gouverneur du Haut et Bas-Limousin, sous Charles IX, à qui il avait rendu des services
considérables, en 1567. Léonard, maréchal de camp,
lieutenant-général du Haut et Bas-Limousin, en 1621.
Jean, également lieutenant-général des armées, et gouverneur du Limousin, qui mourut en 1684.

—

PORTE (de la). De gueules au croissant d'argent chargé de cinq mouchetures d'hermine.

Cette famille, originaire du Poitou,
est moins ancienne que plusieurs autres du même nom, mais elle a joué
un rôle plus considérable dans l'histoire. On cite, parmi
ses membres : Charles de la Porte, gentilhomme ordinaire de la chambre du roi, en 1596. Charles de la
Porte, duc de la Meilleraie, neveu du cardinal de Richelieu, qui fut pair, maréchal et grand-maître de l'artillerie du roi. Il servit avec éclat pendant toutes les guerres de Louis XIII, et reçut le bâton de maréchal des
mains mêmes du roi sur la brèche de Hesdin. Il fut
nommé surintendant des finances en 1648, et mourut
en 1664. On le considérait comme le meilleur général
du temps pour les siéges. Son fils Armand-Charles de
la Porte épousa la nièce de Mazarin, et hérita des
grands biens de cette famille, à condition qu'il pren-

drait le nom de La Porte-Mazarin. Cette famille est éteinte.

———

Por (de). D'or à la fasce d'azur. (*B. d'Hauterive, Revue de la noblesse*).

Parmi les familles nobles du Limousin, il en est peu d'aussi renommées, que la maison de Pot, qui date du XIIIᵉ siècle. Elle a fourni cinq grands-maîtres des cérémonies de France, quatre gouverneurs de province, un chambellan, et bon nombre de chevaliers de divers ordres.

———

Potier de Geswres. D'azur à deux mains dextres d'or, au franc quartier échiqueté d'argent et d'azur.

Noble et ancienne famille de Paris, qui a fourni, dès le XVᵉ siècle, d'illustres magistrats au Parlement. Nicolas Potier fut conseiller du roi, et général de la chambre des monnaies, en 1475. Nicolas Potier, seigneur de Blancmesnil, second président au parlement, et chancelier de Marie de Médicis, fut l'un des plus sages magistrats de son temps. Louis Potier, seigneur de Geswres, secrétaire des finances, puis secrétaire du conseil, et enfin secrétaire d'Etat, eut part à la réconciliation de Henri III et de Henri IV ; il mourut en 1630.

René Potier, comte de Tresmes, fut pair de France, et capitaine des gardes du corps, en 1619. Léon Potier, cardinal de Geswres, fut archevêque de Bourges, en 1695. Bernard Potier, duc de Geswres, pair de France, gouverneur de Paris, chevalier des ordres du roi en 1724, fut brigadier des armées du roi, et premier gentilhomme de sa chambre.

—

PRAT (du). D'or à la fasce de sable accompagnée de trois trèfles de sinoples. (*B. d'Hauterive, Revue de la noblesse. T. III*).

Originaire d'Auvergne, cette famille remonte à 1400. Des nombreux rameaux qu'elle a formés, et dont la plupart sont éteints, les uns ont brillé par leurs charges et par l'éclat de leur fortune, les autres se sont distingués par leurs alliances. Elle compte au nombre de ses illustres rejetons le chancelier du Prat, qui rendit d'éminents services à l'Etat et à la religion sous François Ier. Antoine du Prat, chevalier de l'ordre du roi, fut gentilhomme ordinaire de sa chambre, et prévôt de Paris. Louis-Antoine, marquis de Barbançon, lieutenant-général des armées du roi, se trouva aux siéges de Mons, de Charleroi et de Namur.

—

PRIE (de). De gueules à trois tierce-feuilles d'or ; au chef d'or, chargé d'un aigle à deux têtes de sable. (*G. de Genouillac, Recueil d'armoiries*).

Cette famille originaire du Berry, remonte à 1274. Jean de Prie, de Buzançais, se signala au siége de La Charité et à la bataille d'Auray en 1364. Jean de Prie, grand pannetier de France, et capitaine de la grosse tour de Bourges, sous Charles VII. Aymard de Prie, seigneur de Buzançais, grand queulx de France, accompagna Charles VIII en Italie, et se trouva à la bataille de Capoue. Louis de Prie, brigadier d'armée, eut l'honneur de tenir Louis XV sur les fonts de baptême, en 1712. René de Prie, cardinal, s'était rendu célèbre sous Louis XII, dans les querelles de ce prince avec Jules II. Il fut quelque temps évêque de Limoges.

—

PUYSÉGUR (Chastenet de). D'azur au chevron d'argent, accompagné en pointe d'un lion léopardé de même ; au chef d'or. (*G. de Genouillac, Recueil d'armoiries*).

Cette famille est originaire de l'Armagnac, elle a donné plusieurs hommes illustres. Jacques de Chastenet de Puységur, lieutenant-général des armées en 1658, prit part à trente batailles sans être jamais blessé ; il a laissé des Mémoires. François, mar-

quis de Puységur, devint maréchal de France sous
Louis XIV, et fut employé dans plusieurs missions diplo-
matiques. Armand de Puységur fut officier avant la
révolution, et passa une partie de sa vie à s'occuper de
physiologie. Anne devint, pendant la révolution, contre-
amiral de la flotte portugaise. Pierre, comte de Puységur, fut ministre de la guerre sous Louis XVI jusqu'en 1789. Cette famille existe encore.

Q

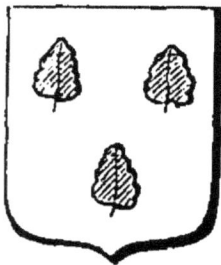

QUELEN (de) D'argent à trois feuilles
de houx sinople. (*Moréri*).

Cette maison de très-ancienne noblesse est originaire de Bretagne. Jean
de Quelen fut député, en 1379, par la
noblesse bretonne vers le duc Jean IV,
en Angleterre, pour le ramener dans ses Etats. Olivier
de Quelen, sénéchal, grand chambellan, et maître
de l'artillerie de Bretagne, en 1425, était, dit une
charte, craint, bien noté, et réputé pour l'un des preux
et hardis chevaliers de son temps. Jean de Quelen,
premier écuyer d'honneur du duc de Bretagne, le
suivit à la guerre du Bien-Public, et à la bataille de
Montléri, en 1466. François de Quelen combattit à
Pavie avec François Ier, et y fut fait prisonnier. Bar-
thélemy de Quelen, lieutenant-général, prit part à

toutes les guerres de la minorité de Louis XIV, et mourut au siége de Douai, en 1667. Antoine-Jacques de Quelen de la Vauguyon, pair de France, servit sous Louis XV avec une égale distinction. Mgr de Quelen, mort il y a peu d'années, sur le siége archiépiscopal de Paris, passait pour être d'une branche cadette de cette illustre race.

———

QUESNE (du). D'azur au chevron d'or, accompagné de trois glands de même, posés 2 et 1.

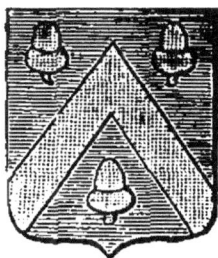

Cette famille originaire de Normandie, commença à devenir célèbre par la renommée d'Abraham du Quesne, qui s'éleva par ses talents, au grade de chef d'escadre, et mérita d'être envoyé en Suède par Louis XIV, pour y traiter d'affaires importantes. Il mourut en 1635. Abraham, marquis du Quesne, son fils, général des armées navales de France, et l'un des plus grands hommes de guerre du XVIIe siècle, était né en 1610. Il servit d'abord en Suède. Rappelé en France en 1647, il arma à ses frais une escadre, et battit les Anglais et les Espagnols. Dans la guerre de 1672, Louis XIV l'opposa à l'amiral hollandais Ruyter, qu'il vainquit. Après avoir purgé la Méditerranée des pirates, et fait baisser la tête au Doge de Venise lui-même, il mourut en 1688. Cette famille n'est pas éteinte.

———

R

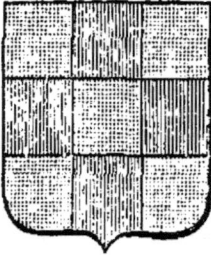

RABUTIN (de). Cinq points d'or équipollés à quatre de gueules.

Cette famille originaire de Bourgogne, remonte au XII° siècle. Elle a fourni plusieurs personnages illustres. Hugues de Rabutin, conseiller et chambellan du roi Charles VIII, et lieutenant-général au gouvernement de Bourgogne. Amé de Rabutin se fit un grand nom comme guerrier, et fut tué à l'assaut de Beauvais, en 1472. François de Rabutin, également voué à la profession des armes, composa des Commentaires sur les guerres de Charles-Quint, et de Henri II. Christophe de Rabutin, qui servit glorieusement sous Henri IV, fut tué à la chasse encore jeune, et après sa mort, sa veuve, sainte Jeanne-Françoise Frémiot de Chantal, fonda, avec saint François de Sales, l'ordre célèbre de la Visitation. Roger de Bussy-Rabutin, maître de camp de cavalerie légère de France, et lieutenant-général des armées, se fit connaître dans le XVII° siècle par sa valeur et ses écrits. Il est auteur de divers ouvrages. Marie de Rabutin, si connue par ses Lettres sous le nom de madame de Sévigné, fut un des plus beaux ornements de la cour de Louis XIV.

RASTIGNAC (de). D'azur à un lion d'argent armé, lampassé et couronné d'or. (*Moréri*).

La maison Chapt de Rastignac est d'une très-ancienne noblessse du Périgord. On cite, parmi ses membres, Aimery Chapt, d'abord évêque de Bologne en Italie, puis évêque de Limoges, et gouverneur du Limousin, en 1371. Adrien de Rastignac fut fort considéré de Henri III, pour lequel il s'employa à la pacification de la Guyenne. Jean Chapt de Restignac, conseiller d'Etat, maréchal de camp, marcha au secours de Sarlat assiégée par Turenne, en 1587. Antoine Chapt de Rastignac fut tué à la tête de la noblesse de son pays, pendant les guerres de religion, en 1579. Raymond Chapt de Rastignac, gentilhomme de la chambre, gouverneur d'Auvergne, passa sa vie à guerroyer contre les révoltes partielles, qui agitaient sa province. Il mourut assassiné en 1596. Jean-François Chapt de Rastignac, maréchal de camp, servit avec distinction sous Louis XIII, et pendant la minorité de Louis XIV. Louis-Jacques, évêque de Tulle, puis archevêque d'Auch, se distingua par ses lumières et sa piété. Peyrot Chapt de Rastignac dépensa sa fortune au service de Louis XIII, et le servit avec dévouement.

REGNAULD DE SAINT-JEAN D'ANGELY. D'azur au coq d'argent en abîme, la patte dextre posée sur un 4 de sable, surmonté en chef d'une étoile d'argent ; la bordure composée d'or et de sable ; franc quartier d'azur à la tête de lion arraché d'or.

Cette maison commence avec Michel-Louis Regnauld, né en 1760, à Saint-Fargeau. Il fut député aux Etats généraux, en 1789. Il courut de grands risques pendant la terreur comme journaliste, seconda Bonaparte au 18 brumaire, fut nommé conseiller d'Etat, comte de l'empire, et resta fidèle à son maître jusqu'au bout. Il mourut en 1819. Le comte Regnauld de Saint-Jean d'Angély, maréchal de France, commande actuellement la garde impériale.

—

RIEUX (de). D'azur à dix besants d'or, posés 3, 3, 3, et 1. (*Hist. des gr. off. T. VI. p. 762*).

Maison très-noble et très ancienne de Bretagne, qui a produit, entre autres célébrités, Guillaume, sire de Rieux, qui mourut en allant en Espagne traiter le mariage de Jean de Bretagne avec Isabelle de Castille, en 1310. Jean de Rieux, maréchal de France sous Charles VI, fit avec avantage la guerre contre les Anglais. Claude de Rieux suivit François Ier dans ses guerres d'Italie ; il exerçait la charge de maréchal à Pavie, où il fut fait prisonnier. Guy de Rieux, lieutenant-général en Bretagne, fut blessé au siége de Lusignan, en 1587. René de Rieux, gouverneur de Brest, s'attacha à la fortune de Henri IV, et combattit pour lui en Bretagne et en Savoie. Guy de Rieux, premier écuyer de Marie de Médicis, la suivit dans l'exil. René de Rieux, évêque de Lyon, fut accusé de crime d'Etat sous le ministère de Richelieu, mais une sentence de 1646 le reconnut innocent, et le rétablit dans son évêché.

—

ROCHECHOUART (de). Fascé, ondé d'argent et de gueules de six pièces. (*Hist. des gr. off. T. III. p. 645*).

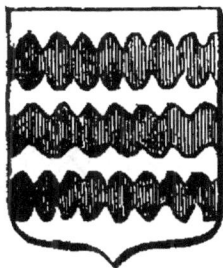

Cette maison est originaire du Limousin ; elle est très-illustre et remonte au XIe siècle. Aimery de Rochechouart fit le voyage de Terre-Sainte, en 1096. Jean de Rochechouart, conseiller et chambellan du roi, fut tué à la bataille de Poitiers, en 1356. Louis de Rochechouart, conseiller et chambellan de Charles V, s'acquit une grande réputation dans les guerres de Charles V, en 1369. François de Rochechouart, premier chambellan de Louis XII, fut plusieurs fois ambassadeur. Christophe de Rochechouart combattit près du roi à la bataille de Pavie, et comme lui fut fait prisonnier. Louis de Rochecouart, baron de Champdenier, gentilhomme de la chambre du roi Charles IX, rendit de grands ser-

vices en Poitou contre les Ligueurs. François de Rochechouart, baron de Mortemart, conduisit l'arrière-ban
du Poitou au siége de Perpignan. On raconte que sa
femme fut enterrée vive avec un diamant au doigt, et
déterrée par la cupidité d'un valet. Gabriel de Rochechouart, marquis de Mortemart, gouverneur de Paris,
se fit remarquer par son esprit et son instruction; il
fut le père du duc de Vivonne, de la marquise de Montespan, que ses intrigues avec Louis XIV rendirent
célèbre, et de l'abbesse de Fontevrault, qui traduisit le
Banquet de Platon avec Racine. Cette famille continue
à s'illustrer.

ROHAN (de). De gueules à neuf macles d'or rangés en fasce, 3, 3, 3.
(*Hist. des gr. off. T. III. p. 45*).
Maison originaire de Bretagne, une
des plus anciennes et des plus illustres
du royaume. Henri, duc de Rohan,
prince de Léon, devint, après la mort de Henri IV, le
chef des Calvinistes en France, et soutint trois guerres
contre le gouvernement de Louis XIII. Il fit la guerre
de la Valteline, et mourut d'une blessure, en 1638;
c'était un des meilleurs généraux de son temps. Ben-
jamin de Rohan, seigneur de Soubise, passa également sa vie à guerroyer dans le Poitou, à la tête des
Calvinistes. Louis de Rohan, duc de Montbazon, fut
grand veneur, puis colonel des gardes de Louis XIV; il

était très-brave. Armand-Gaston de Rohan, grand aumônier de France, entra dans le conseil de régence en
1722. Charles, prince de Rohan-Soubise, général et
courtisan , fut moins heureux comme général que
comme ami du roi Louis XV. Il fut le seul qui l'accompagna à son enterrement. Louis-René, cardinal de
Rohan , fut employé jeune comme ambassadeur à
Vienne, et mourut en 1803. La famille de Rohan n'a
point cessé de fournir, jusqu'à nos jours, des membres
illustres et dévoués aux affaires publiques.

—

ROYE (de). De gueules à la bande
d'argent.

Cette maison est originaire de Picardie, et remonte à 1112. Elle a fourni :
Rogues de Roye et de Germini, qui
gagna les bonnes grâces de Philippe-
Auguste, l'accompagna au siége de Rouen, et combattit à Bouvines, en 1214. Mathieu de Roye accompagna
saint Louis en ses voyages d'outre mer. Un autre Mathieu de Roye fut un des seigneurs qui furent donnés
en otage, en 1360, pour la délivrance du roi Jean, et
demeura quatorze ans en Angleterre. Guy de Roye,
archevêque de Reims, avait fondé le collége de Reims,
à Paris ; il s'attacha aux papes Clément VII et Benoit XIII,
et fut tué d'un coup d'arbalète, en se rendant au concile de Pise, en 1409. Jean de Roye, chambellan du
roi, servit en Guyenne, accompagna le duc de Bourbon

au siége de Tunis, en 1390, et alla mourir à la bataille de Nicopolis. Mathieu de Roye fut fait prisonnier à Azincourt en 1415, où il commandait un secours venu de Picardie.

S

SAINTE-MARTHE (de). D'argent à deux fusées et demie de sable rangées en fasce. (*Dreux du Radier*).

Cette famille de savants est originaire du Poitou. Gaucher de Sainte-Marthe fut conseiller et premier médecin de François 1er. Abel de Sainte-Marthe, fut bibliothécaire des rois Henri IV, Louis XIII, et Louis XIV. Scévole, né en 1571, et son frère Louis, écrivirent l'histoire généalogique de la maison de France, et le *Gallia christiana*. Pierre et Nicolas-Charles, dont le premier fut conseiller du roi, continuèrent les travaux commencés par leur père, écrivirent l'*Orbis christianus*, l'*Hispania christiana*, et un grand nombre de généalogies particulières des grandes familles du royaume, qui sont pleines d'érudition.

—

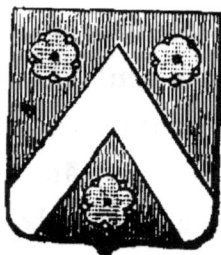

SAINT-PIERRE (de). De gueules au chevron d'argent accompagné de trois roses d'or.

Famille illustre de Picardie, aujourd'hui éteinte. Elle a donné deux personnages très-remarquables : Eustache de Saint-Pierre, bourgeois de Calais, un de ceux qui se dévouèrent pour leurs compatriotes, lorsque Calais fut pris par Edouard III, et viurent, les pieds nus, porter les clefs de la ville aux pieds du roi d'Angleterre, en 1347. Bernardin de Saint-Pierre, né au Havre, fut d'abord officier du génie, quitta le service pour voyager, vécut longtemps dans la gêne, et composa de nombreux ouvrages littéraires. Il mourut en 1814.

———

SAINT-SIMON (de). D'argent au chef emmanché de sable.

Cette famille est originaire de Picardie ; elle a donné plusieurs personnages célèbres. Gaucher de Rouvroy, duc de Saint-Simon , fut chambellan de Charles VI, et le servit en ses guerres contre les Anglais ; il se signala, et mourut en 1421. Louis de Saint-Simon suivit Charles VIII en Italie, et combattit à Fornoue. François de Saint-Simon, maréchal de camp, fit toutes les guerres de son temps, sous Charles IX, Henri III, et Henri IV. Louis de Saint-Simon, duc et pair de France, suivit quelque temps le parti des armes, puis il entra à la cour sur la fin du règne de Louis XIV. Il a écrit des Mémoires fort célèbres, qui le placent au premier rang des écrivains en ce genre. Claude-Henri de Saint-Simon est le fondateur des Saint-Simoniens.

———

SANCERRE (de). De Champagne, au lambel de trois pendants de gueules.

Cette illustre maison, originaire du Berry, remonte à 1190. Elle descendait des comtes de Champagne, et s'éteignit au XIVe siècle. Le plus célèbre de ses membres fut Louis, connétable de Sancerre, qui fut le frère d'armes de Du Guesclin, et de Clisson. Il devint maréchal en 1369, et délivra le Périgord des Anglais. Ce fut Charles VI, qui le fit connétable; il mourut en 1402. Le titre passa depuis dans la maison de Bueil.

—

SAULX-TAVANNES (de). D'azur au lion d'or armé et lampassé de gueules.

Cette illustre maison est originaire de Bourgogne. Elle remonte à 1409; ses principaux représentants sont : Gaspard de Saulx, seigneur de Tavannes, maréchal de France, amiral et gouverneur de Provence, l'un des plus illustres capitaines de son temps. Après avoir débuté dans les armes, à la bataille de Pavie, il devint le compagnon des folies périlleuses du duc d'Orléans. Après la mort de ce prince, il rentra dans l'armée, et se signala par sa valeur dans toutes les guerres de religion, sous Henri III. Son fils a écrit des *Mémoires* sous son nom. Guillaume de Saulx-Tavannes, lieutenant du roi en Bourgogne, se distingua

pendant la Ligue. Il a aussi écrit des *Mémoires*. Cette
maison s'est éteinte en 1845, en la personne du duc
de Saulx-Tavannes, pair de France.

—

SARRAZIN (de). D'argent, à la barre
de gueules, chargée de 3 coquilles
d'or. (*B. d'Hauterive, Revue de la
noblesse. T. IV*).

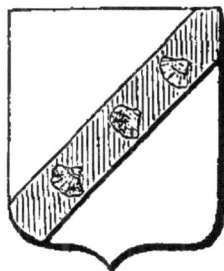

La maison de Sarrazin est l'une des
plus anciennes de la province d'Au-
vergne. Cette famille fut représentée dans les guerres
saintes par Jean de Sarrazin, chambellan de saint
Louis. Un autre Jean de Sarrazin accompagna Jean-
sans-Peur dans son expédition de Hongrie. Cette famille
a produit quinze chanoines de Brioude, un gentilhomme
de Henri IV, un député aux Etats généraux, et un grand
nombre de colonels, pages, et généraux.

—

SCEPEAUX (de). Vairé d'argent et de
gueules. (*Moréri*).

Cette maison est originaire d'Anjou.
Elle remonte à 1221, et a donné, entre
autres illustrations : Guy de Scepeaux,
qui présida aux Etats de Bretagne,
tenus à Nantes, en 1579, et fut tué en 1597, à la tête
d'un corps de troupes qu'il commandait en Poitou,
pour le service du roi Henri IV. François de Scepeaux,

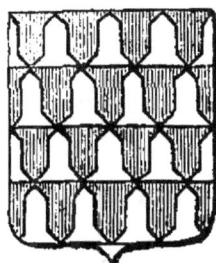

sire de Vieille-Ville, de qui François Ier dit, en le présentant pour compagnon à son fils : « Mon fils, il n'a pas plus d'âge que vous : Voyez ce qu'il a déjà fait. Si les guerres ne le dévorent, vous le ferez un jour connétable. » Il le devint en effet, en 1567, et ne cessa de se montrer digne de ce rare honneur. Sa postérité n'a point failli à la gloire de porter un nom si recommandable.

—

SCHOMBERG (de). D'argent au lion coupé de gueules et de sinople. (*Hist. des gr. off. T. III. p. 330*).

Cette maison illustre, originaire d'Allemagne, a donné trois maréchaux de France. Henri de Schomberg, né en 1575, fut lieutenant du roi en Limousin, ambassadeur en Allemagne, et fit la guerre contre les Huguenots, avec le maréchal de Lesdiguières ; il fut créé maréchal de France en 1625. Charles, fils du précédent, élevé enfant d'honneur auprès de Louis XIII, suivit le roi dans ses expéditions, et devint gouverneur de Languedoc et maréchal de France ; il fut envoyé en Catalogne en qualité de vice-roi, s'y distingua comme général, et mourut à Paris en 1656. Frédéric-Armand de Schomberg servit longtemps à l'étranger, et vint en France, avec une gloire acquise, en 1668, il commanda l'armée de Catalogne ; il fut élu maréchal, et, poursuivi comme protestant, il fut tué en combattant, en 1690.

—

Seguier. D'azur au chevron d'or, accompagné en chef de deux étoiles de même, et en pointe d'un mouton passant d'argent. (*Hist. des gr. off. T. VI. p. 563*).

Cette famille est originaire du Bourbonnais. Elle a donné un chancelier à la France, six présidents à Mortier, treize conseillers, plusieurs maîtres des requêtes ou avocats-généraux. Pierre Seguier rendit des services importants pendant les querelles de Henri II et de Jules III. Antoine Seguier, avocat-général sous Henri III, refusa d'entrer dans la Ligue. Pierre Séguier, d'abord intendant de Guyenne, devint garde des sceaux, sous Richelieu, et contribua à l'établissement de l'Académie française. Cette famille n'a pas cessé d'occuper en France les premiers emplois de la magistrature.

—

Ségur (de). Ecartelé : au 1er échiqueté d'azur et d'or ; au 2e et 3e de gueules au lion d'or ; au 4 d'argent.

La famille de Ségur, originaire de Guyenne, a produit, surtout depuis deux siècles, plusieurs personnages remarquables. Henri-François, né en 1689, se signala dans la guerre de Succession d'Autriche, et devint lieutenant-général. Philippe-Henri, maréchal de France, servit en Allemagne, et devint ministre de la guerre sous Louis XVI. Il fut ruiné et emprisonné pendant la révolution. Louis-Philippe de Ségur, lieutenant-général, fit la guerre d'Amérique avec Lafayette, revint en France à la révolution, fut admis à l'Académie, et devint sénateur de l'Empire. On a de lui plusieurs ouvrages, entre autres des *Mémoires.* C'est son fils qui a écrit l'*Histoire de la Campagne de Russie.* Cette famille continue à s'illustrer.

—

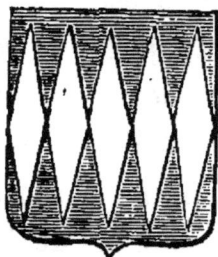

SENNETERRE (de). D'azur à cinq fusées d'argent mises en fasce. (*Hist. des gr. off. T. IV. p. 88*).

Cette maison, originaire d'Auvergne, remonte au XIIe siècle. On remarque dans sa descendance : François, qui servit sous Charles IX et Henri IV, à toutes les batailles qui furent livrées en Lorraine et en Poitou. Henri, duc de Senneterre, pair et maréchal de France, nommé vulgairement le maréchal de la Ferté, assista au siége de la Rochelle, en 1628, fut fait maréchal de camp sur la brèche de Hesdin, se distingua à la bataille de Rocroy, au siége d'Ypres, à l'affaire de Lens ; il mourut en 1681. Henri-François suivit Louis XIV à la conquête de Hollande en 1672, et devint lieutenant-général. Sa postérité continua longtemps d'occuper les principaux emplois de la cour.

—

T

TALLEYRAND-PÉRIGORD (de). De gueules à 3 lions d'or, armés et couronnés
d'azur. (*Hist. des gr. off. T. III. p. 72*).

La famille de Talleyrand, comtes de
Périgord, est une des plus nobles et des
plus anciennes de France. Elle a produit bon nombre de personnages célèbres. Hélie de
Talleyrand-Périgord, contemporain et ami de Pétrar-
que, fut chargé par le Saint-Siége de diverses négociations importantes, et alla en Angleterre solliciter la
liberté du roi Jean. Il mourut en 1364. Henri de Talleyrand, comte de Chalais, favori de Louis XIII, fut
accusé comme conspirateur, et mis à mort par ordre
de Richelieu. Alexandre-Angélique, cardinal de Périgord, archevêque de Reims, émigra à la révolution, et
se lia dans l'exil avec Louis XVIII, qui lui donna plus
tard l'archevêché de Paris. Charles-Maurice de Talleyrand, évêque d'Autun et diplomate, se jeta en plein
dans la révolution, devint ministre et prince de Béné-
vent, sous l'empire, et servit tour à tour la Restauration et Louis-Philippe. Il mourut en 1838.

THOU (de). D'argent au chevron de sable, accompagné de trois taons de même. (*G. de Genouillac, Recueil d'armoiries*).

La famille de Thou, l'une des plus honorables de la magistrature, commence à paraître en 1388. Elle a fourni plusieurs grands hommes. Augustin de Thou parut avec éclat dans le barreau, d'où il fut tiré, pour être élevé au rang de conseiller, puis de président en 1535. Christophe de Thou, premier président au parlement de Paris, fut honoré de la confiance de Henri II, et de Catherine de Médicis. Jacques-Auguste de Thou fut employé, par Henri IV, à des négociations importantes. Louis XIII le dédaigna. Il s'occupa, dans sa retraite, à la composition d'un ouvrage historique immense, qui ne contient pas moins de 16 volumes in-4. Auguste de Thou, son fils, né à Paris en 1607, conseiller au parlement, fut d'abord protégé par Richelieu; mais il eut le malheur de s'attirer l'animosité du cardinal, se lia avec Cinq-Mars, fut impliqué avec lui dans une accusation de conspiration, et exécuté en 1642.

—

TOUR-D'AUVERGNE, DE BOUILLON ET DE TURENNE (de la). D'azur à la tour d'argent, accompagnée de neuf fleurs de lis d'or en pal, quatre de chaque côté, et une en pointe. Sur le tout, une bande de gueules, chargée en chef d'un écusson d'argent. (*G. de Genouillac*).

Cette maison est une des plus anciennes et des plus illustres d'Auvergne, et même de France. Elle remonte au XIIIᵉ siècle. Bernard de la Tour se trouva au siége de Tunis avec le roi saint Louis, en 1270, et y mourut. Anne de la Tour, vicomte de Turenne, fut conseiller et chambellan de Louis XI. François de la Tour, vicomte de Turenne, gouverneur de l'Ile de France, rendit des services considérables à François Iᵉʳ, qui l'envoya en ambassade en Angleterre et en Espagne. Henri de la Tour, vicomte de Turenne, duc de Bouillon, maréchal de France, fut premier gentilhomme de la chambre de Charles IX, et plusieurs fois ambassadeur. Henri de la Tour, vicomte de Turenne, maréchal de France, est devenu populaire sous le nom du grand Turenne, et fut un des plus habiles généraux des temps modernes. Il se jeta quelque temps dans le parti de la Fronde, mais l'ayant bientôt oublié pour revenir au devoir, il fit avec éclat toutes les guerres d'Allemagne avec le grand Condé. C'était le premier tacticien de l'Europe. Il était né protestant, et fut converti par Bossuet. Il mourut en 1675.

TOURVILLE (de). De gueules à un bras armé d'argent sortant du côté senestre de l'écu, tenant une épée de même, surmonté d'un casque mis de côté aussi d'argent. (*Hist. des gr. off. T. VII. p. 627*).

La famille de Tourville est originaire de Normandie.
Elle date de Guillaume de Tourville, qui vivait sous le
règne de saint Louis. César de Tourville fut conseiller
d'Etat sous Louis XIII. François-César de Tourville,
maréchal de camp, donna toute sa vie des marques
d'une valeur singulière. Il mourut en 1697. Anne-
Hilarion de Tourville, maréchal de camp, et amiral,
est un des plus célèbres marins français; il commanda
à la bataille navale de Palerme, en 1677, prit une part
active à toutes les expéditions maritimes de son temps,
et fit perdre aux Anglais plus de quatre-vingts vaisseaux. Il mourut en 1701.

—

TRÉMOILLE (de la). D'or au chevron
de gueules accompagné de 3 aiglettes
d'azur becquées et membrées de gueules. (B. d'Hauterive, Revue de la noblesse. T. I).

Cette famille est originaire du Poi-
tou. Elle remonte à 1040. Plusieurs branches sont sorties d'elle. Celles des princes de Talmon, des comtes
d'Olonne, des ducs de Noirmoutiers, des vicomtes de
Thouars sont les principales. Guy, surnommé le vaillant, qui vécut sous Charles V et Charles VI, se signala
contre les Anglais et contre les Turcs. Louis, vicomte
de Talmon, gagna pour Charles VII la bataille de Saint-
Aubin, conquit le duché de Milan pour Louis XII, et
fut un des héros de Marignan. C'est à propos de lui que

Charles XII prononça cette célèbre parole : « Le roi de France ne venge pas les injures du duc d'Orléans. » Henri-Charles, qui était calviniste, entra dans le parti de la Fronde contre Mazarin. On a de lui des *Mémoires* qui ont été publiés. La révolution a fait périr presque tous les membres de cette ancienne famille. Il n'en restait plus, en 1830, qu'un seul : Charles-Bretagne-Marie-Joseph, qui a laissé un enfant.

—

Turgot (de). D'hermines treillissé de gueules.

Cette famille, originaire de Norman-die, commence à paraître sous Louis XI. Les plus illustres membres de cette race sont : Jacques Turgot, célèbre ministre, qui fut d'abord maître des requêtes et intendant du Limousin, puis ministre de la marine sous Louis XVI, et contrôleur général des finances. Il succomba dans la lutte contre les favoris, et mourut dans la défaveur. François, son frère, fut gouverneur de la Guyane, qu'il tenta de coloniser, sans y réussir.

U

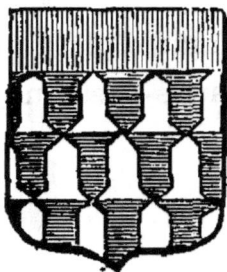

URFÉ (d'). De vair au chef de gueules.

Maison illustre du Forez, qui a pris le nom de Lascaris, par suite d'alliances avec la famille impériale de Constantinople. Pierre d'Urfé fut grand écuyer de France, en 1483. Il avait passé sa jeunesse à la cour de Bourgogne, à lutter contre Louis XI. Claude d'Urfé fut ambassadeur à Rome, en 1547. Charles-Emmanuel de Lascaris d'Urfé fut maréchal de camp, et mourut en 1685. Honoré d'Urfé s'est rendu célèbre dans le XVIIe siècle par son roman *d'Astrée*, l'ouvrage le plus ingénieux qui eut encore paru en ce genre. Poursuivi par des chagrins domestiques, il passa en Piémont où il finit sa vie. Louis Lascaris d'Urfé, évêque de Limoges, et filleul de Louis XIV, mourut en odeur de sainteté, après avoir dépensé tout son bien pour les pauvres.

—

URSINS (des). Bandé d'argent et de gueules de six pièces au chef d'argent chargé d'une rose de gueules boutonnée d'or. (*Hist. des gr. off. T. VI. p. 403*).

Cette famille tire son origine de Jean

Jouvenel des Ursins, partisan de Charles VII dans ses malheurs, et créé par lui président du parlement de France séant alors à Poitiers. Il a laissé la mémoire d'un homme sage, et d'un grand politique. Guillaume Jouvenel des Ursins fut chancelier de France, en 1445. Jean Jouvenel des Ursins, frère du précédent, fut archevêque de Reims, il fut chargé de la révision du procès de Jeanne d'Arc par le pape Calixte III.

V

VALLIÈRE (de la Baume le Blanc de la). Coupé de gueules et d'or, au lion léopardé, coupé d'argent et de sable. (*Hist. des gr. off. T. V. p. 27*).

La maison de la Baume le Blanc est originaire du Bourbonnais. Elle a donné : Jean de la Baume, seigneur de la Vallière, maître d'hôtel ordinaire du roi Louis XIII. François de la Vallière, chevalier de Malte, maréchal de bataillon, remarquable par une rare énergie militaire, fut tué au siége de Lérida, en 1644. Gilles de la Vallière, évêque de Nantes, acheva sa vie chez les jésuites. Laurent de la Baume la Vallière, son frère, se signala aux batailles de Sedan et de Rocroi, et reçut en récompense le gouvernement du château d'Amboise. Il fut père de Louise de la Vallière, d'abord demoiselle d'honneur de

Henriette d'Angleterre, qui expia par trente-six ans de pénitence les désordres de sa jeunesse. Elle mourut en 1710. Jean-François de la Baume de la Vallière, grand sénéchal du Bourbonnais, maréchal de camp, commanda en Hollande en 1665. Charles-François, duc de la Vallière, lieutenant-général, sénéchal du Bourbonnais, fit la guerre avec éclat sous Louis XIV et Louis XV.

—

VERGI (de). De gueules à trois quintesfeuilles d'or posées 2 et 1 ; à la bordure d'argent. (*Hist. des gr. off. T. VII. p. 20*).

Cette famille, qui est originaire de Bourgogne, remonte au XIIIᵉ siècle. Hugues de Vergi accompagna le roi Philippe-Auguste au voyage d'outre mer, et se trouva au siége d'Acre en 1191. Jean de Vergi, sénéchal, maréchal et gouverneur de Bourgogne, fut envoyé en Turquie pour négocier la liberté de Jean de Nevers, fils du duc de Bourgogne, qu'il ramena en 1406. Antoine de Vergi, comte de Dammartin, fut nommé maréchal de France, par le roi d'Angleterre, pendant la démence de Charles VI en 1420, et combattit ardemment le parti de Charles VII. Guillaume de Vergi, qui avait d'abord combattu à Morat, pour Charles de Bourgogne, devint conseiller et chambellan de Louis XI, qui se l'attacha.

—

VILLARS (de). D'azur à trois mollettes d'or au chef d'argent chargé d'un lion passant de gueules.

Cette famille, qu'il ne faut pas confondre avec un grand nombre d'autres du même nom, est originaire du Lyonnais. On cite parmi ses membres : Pierre de Villars, qui fut conseiller clerc au parlement de Paris, et archevêque de Vienne; il mourut capucin en 1592. Un autre Pierre de Villars, archevêque de Vienne, en 1690. Louis-Hector de Villars, célèbre maréchal de France, se signala jeune à la bataille de Senef, en 1694; fut tour à tour ambassadeur et général d'armée, et porta les armes de Louis XIV jusqu'au cœur de l'Allemagne. Après la paix, qui suivit la victoire de Denain, il devint gouverneur de Provence, s'appliqua à y faire du bien jusqu'à ce que Louis XV lui remit les armes à la main pour conquérir le Milanais. Il mourut à Turin en 1734. Honoré-Armand de Villars, pair de France, et grand d'Espagne, son fils, fut aussi gouverneur de Provence, et mourut en 1727.

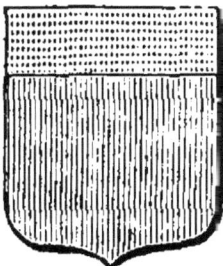

VINTIMILLE (de). De gueules au chef d'or.

Cette illustre maison est originaire d'Italie, et fort ancienne. Paul de Vintimille Lascaris grand maître de Malte, en 1636, combattit les Corsaires, et les Turcs avec avantage, et déjoua les projets qu'on avait formés pour le renversement de son ordre. François de Vintimille, baron de Tourves, eut grande part aux guerres civiles de religion, et rendit, par sa valeur, des services importants à la monarchie. François de Vintimille, comte du Luc, petit-fils du précédent, maréchal de camp des armées de Louis XIII, se rendit également célèbre par sa bravoure. Gaspard de Vintimille, archevêque de Paris, réprima les Jansénistes, et ferma aux convulsionnaires le cimetière de Saint-Médard, en 1740.

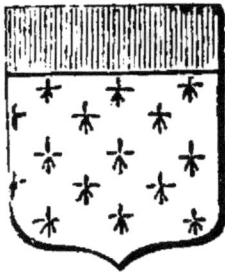

VIVONNE (de). D'hermine au chef de gueules. (*Armorial du Poitou*).

La maison de Vivonne était une des premières du Poitou dès le XIIᵉ siècle. On cite, parmi ses membres, Savary de Vivonne, sénéchal de Toulouse, et conseiller de Philippe de Valois, qui fut ambassadeur en Espagne, en 1344. Renaud de Vivonne, surnommé le bon sénéchal, administra le Poitou sous le règne de Charles VI. André de Vivonne, sénéchal du Poitou, fut lieutenant-général de l'armée de Charles VIII, en Bretagne. Un autre André de Vivonne fut capitaine des gardes de Marie de Médicis, et devint grand fauconnier de France, sous Louis XIII. Jean de Vivonne fut ambassadeur de Charles IX en Espagne, de Henri III à Rome, suivit Henri IV dans ses guerres, et devint, en 1595, gouverneur du grand Condé.

Voyer d'Argenson. D'azur à deux lions léopardés d'or passant l'un sur l'autre armés et lampassés de gueules. (*Hist. des gr. off. T. VI. p. 600*).

Cette maison, originaire de Touraine, a produit plusieurs personnages illustres : René Voyer d'Argenson, d'abord magistrat, fut ensuite surintendant du Poitou, puis ambassadeur chargé de diverses missions importantes sous Richelieu. Marc-René fut lieutenant-général de police, en 1697, puis garde des sceaux. René-Louis débuta au parlement et devint ministre des affaires étrangères, sous Louis XV. On a de lui quelques ouvrages. Marc-Pierre fut directeur de la librairie, et ministre de la guerre en 1743. Antoine-René, tour à tour ambassadeur et ministre, sous le même règne, jouit d'une très-grande influence.

FIN DU LIVRE D'ARMES.

ARMOIRIES

DES PRINCIPALES VILLES DE FRANCE.

ARMOIRIES

DES PRINCIPALES VILLES DE FRANCE.

———◦✦◦———

APERÇU HISTORIQUE ET GÉOGRAPHIQUE.

Dans le morcellement féodal qui se fit du grand Empire de Charlemagne sous ses indolents successeurs, le territoire qu'avait occupé l'ancienne Gaule, c'est-à-dire la France actuelle, se trouva divisé en 61 Etats, fiefs ou arrière-fiefs, gouvernés chacun par des comtes, des ducs ou des princes indépendants sur lesquels l'héritier de la couronne ne conservait qu'une autorité purement nominale et fictive. C'étaient, parmi les principaux, au Sud, les comtés de Toulouse, de Foix, de Rhodez, d'Angoulême, de Poitiers, les duchés De Septimanie, de Gascogne, d'Aquitaine, le Dauphiné, le comté d'Auvergne, la seigneurie de Montpellier, la vicomté de Béarn, etc ; au Nord, les comtés de Flandre, de Vermandois, de Champagne, d'Anjou, les duchés de France, de Normandie, de Bretagne, de Bourgogne, etc. A son tour, chacun de ces petits

Etats s'était divisé en une infinité de baronies et seigneuries, dont les possesseurs se montraient pareillement fort jaloux de leurs droits, priviléges et prérogatives, et n'accordaient d'obéissance à leurs suzerains que ce qu'il leur était absolument impossible de refuser. Ce mode de gouvernement a été comparé par un ingénieux historien[1] à la grande rosace qui couronnait la principale porte des églises gothiques, laquelle était composée d'autres roses moins grandes composées elles-mêmes d'autres roses moins grandes, encore, qui en contenaient un grand nombre de plus petites, remplies de verres de diverses couleurs. Il se perpétua jusqu'à ce que l'un de ces petits souverains plus habile, plus ambitieux et plus fort que les autres, eût fait disparaître toutes les limites, supprimé toutes les divisions, éteint toutes les autocraties et réuni sous une seule main, sous une seule volonté, les fils moteurs de toutes ces administrations isolées.

Ce grand œuvre fut entrepris par Hugues Capet, duc de France, comte de Paris et d'Orléanais (987), qui, après avoir dépossédé les héritiers de Charlemagne de leur vain titre, transmit à sa race la féconde ambition de profiter de l'admirable situation du petit Etat qu'elle possédait dans le bassin de la Seine, pour réunir tous les autres Etats de l'ancienne Gaule autour de ce pays central, appelé alors exclusivement la France, et

---

(1) Alexis Monteil, *Histoire des divers Etats*, *T. I. p. 69.*

que les géographes du seizième siècle ont improprement dénommé Ile de France[1].

Alors commença ce grand travail d'unification que la monarchie française a poursuivi sans relâche depuis huit siècles, et dont le récit mériterait plus d'extension que je n'en puis donner ici.

En 1062, le Gatinais fut acquis par Philippe Ier, de Foulgues, comte d'Anjou.

En 1082, le Vexin français fut acheté par le même Philippe, de Simon, comte de Valois, qui se fit religieux.

En 1100, la vicomté de Bourges fut également acquise par Philippe Ier, du comte Herpin, qui partait pour la croisade.

En 1183, le Vermandois et l'Amiénois furent acquis par Philippe-Auguste, d'Aliénor, héritière de ce comté, à cause du secours qu'il lui donna contre Philippe, comte de Flandre.

En 1185, le Valois fut encore acquis par Philippe-Auguste de la même personne, et pour la même cause.

En 1198, le comté d'Auvergne fut confisqué par Philippe-Auguste, sur le comte Guy ; mais il fut depuis souvent donné en apanage, et ne rentra définitivement à la couronne qu'en 1610, sous Louis XIII.

En 1200, le comté d'Evreux fut ajouté par le même prince, qui en fit la conquête, mais il fut depuis sou-

(1) Malte-Brun, *Géographie universelle*, T. I. p. 575.

vent donné en apanage, et ne revint définitivement à la couronne qu'en 1584 sous Henri III.

En 1203, la Touraine, l'Anjou, le Maine et le Poitou furent confisqués par Philippe-Auguste sur Jean-sans-Terre, et réunis au domaine royal, par Louis IX, en 1258.

La Saintonge, confisquée sur Jean-sans-Terre en même temps que la Touraine et le Poitou, fut cédée aux Anglais par le traité de Bretigny, et reconquise par Charles V et Charles VII.

En 1205, la Normandie fut confisquée par Philippe-Auguste, sur Jean-sans-Terre, et ne fut plus distraite de la couronne que pendant de courtes périodes.

En 1215, le comte d'Alençon revint à Philippe-Auguste à l'extinction de la famille des comtes héréditaires.

En 1229, la vicomté de Béziers, le duché de Narbonne, la vicomté de Nimes, le Velay, l'Albigeois, furent acquis par saint Louis, après la guerre des Albigeois.

En 1233, Les comtés de Blois et de Chartres furent achetés, par saint Louis, de Thibault, comte de Champagne.

En 1255, le Gevaudan fut acquis par saint Louis du comte de Barcelone.

En 1257, le Perche fut réuni à la couronne par saint Louis, à l'extinction de la famille des comtes héréditaires.

En 1270, le Languedoc, le Vivarais et le Rouergue

furent réunis par Philippe III à l'extinction de la maison de Saint-Gilles.

En 1285, la Champagne et la Brie furent acquises par Philippe IV, au moyen de son mariage avec l'héritière de Thibault.

En la même année, le Lyonnais fut acquis par Philippe IV, par un accord avec l'archevêque et les bourgeois de Lyon.

En 1349, le Dauphiné fut légué à Philippe VI par le dernier dauphin de Viennois.

En 1370, le Limousin fut conquis par Charles V sur les Anglais, moins la vicomté de Limoges qui ne fut réunie à la couronne que sous Henri IV en 1589.

En 1450, la Guyenne et la Gascogne furent conquises par Charles VII sur les Anglais.

En 1479, la Bourgogne, le Ponthieu et le Boulonnais, furent réunis à la couronne par Louis XI, après la mort de Charles-le-Téméraire.

La même année, le roi confisqua la Marche sur la maison d'Armagnac.

En 1486, la Provence fut réunie par Louis XI après la mort du dernier comte.

En 1523, l'Angoumois, le Forez et le Beaujolais furent apportés à la couronne par l'avènement de François Ier, dont ils formaient le patrimoine.

En 1531, le Bourbonnais fut confisqué par François Ier sur le connétable de Bourbon.

En 1547, la Bretagne fut acquise par suite des mariages de Charles VIII et de Louis XII avec Anne de Bretagne, et de celui de François Ier avec sa fille.

En 1548, le comté de Commminges fut réuni par l'extinction de la famille des comtes héréditaires.

En 1552, les Trois-Evêchés furent conquis par Henri II, mais cette possession ne fut légitimée qu'en 1648.

En 1589, le Béarn, la Navarre, le Bigorre, le comté de Foix, l'Armagnac et le Périgord, furent réunis à la couronne par l'avènement au trône de Henri IV, qui en était héritier.

En 1601, la Bresse et le Bugey furent échangés avec le duc de Savoie, contre le marquisat de Saluce.

En 1648, fut légitimée la possession de l'Alsace conquise par Louis XIII et Louis XIV.

En 1659, le Roussillon et l'Artois, conquis par Louis XIII et Louis XIV, furent légitimés par le traité des Pyrénées.

En 1665, le Nivernais revint à la couronne par la mort de Charles de Gonzague.

En 1668, la Flandre et le Hainaut, conquis par Louis XIV, furent légitimés par la paix d'Aix-la-Chapelle.

En 1678, la Franche-Comté, conquête de Louis XIV, fut légitimée par le traité de Nimègue.

En 1684, le Charolais fut confisqué sur la maison autrichienne d'Espagne.

En 1766, la Lorraine et le Barrois furent achetés par Louis XV, après la mort du roi Stanislas.

Enfin, en 1768, la Corse fut achetée aux Génois; en 1791, le comtat Venaissin et Avignon furent confisqués par décret de l'Assemblée nationale, et, de nos jours, la Savoie et Nice, cédées par la paix de Villafranca, viennent de compléter l'œuvre d'assimilation[1].

A mesure que l'Etat s'agrandissait, les familles jadis souveraines s'éteignaient, et s'il n'en était pas de même de celles qui tenaient des fiefs ou des arrière-fiefs ; et que leur nouvelle position rattachait plus ou moins directement au roi, on ne peut nier que leur puissance fut restreinte, et leur indépendance amincie, à mesure qu'ils se rapprochaient du vasselage de la couronne.

En même temps, et comme si cette œuvre de l'abaissement des grands vassaux au profit de l'absolutisme royal n'eût pas marché assez vite, les rois Capétiens, dès le temps de Louis-le-Gros (1110), commencèrent à autoriser la création des *communes*, c'est-à-dire, les associations formées par les habitants d'une ville, pour se défendre contre les exactions et les violences des nobles et des seigneurs. Moyennant une faible redevance, les cités importantes purent bientôt avoir un

(1) Malte-Brun et Lavallée, *Geogr. univ. T. I.* Bouillet, *Dict. d'histoire.*

maire, des échevins, une justice, une milice, un sceau, c'est-à-dire tous les priviléges de la noblesse attribués à l'être collectif, qui prenait le nom de municipalité. Les municipalités ayant un sceau demandèrent à y graver des armoiries, comme celles que les familles nobles, dont elles devenaient les égales, portaient sur leurs bannières. On leur en fit, ou elles s'en attribuèrent, et ainsi naquit en France l'usage des armoiries des villes, par imitation des armoiries des nobles, des armoiries des provinces, des armoiries du roi et du royaume.

Il n'y a point lieu de douter que les armoiries des villes, en France, aient une origine féodale, comme celles des individus. Elles ne sont pas plus l'imitation des emblèmes des villes de l'antiquité, de l'aigle, symbole de Rome, ou du hibou, symbole d'Athènes, que les armoiries des chevaliers n'étaient l'imitation des devises de Cyrus, de Xerxès, ou des héros de la Grèce et de Rome. Les communes, en adoptant des écussons et des armoiries, crurent y trouver un moyen de s'élever à la hauteur des familles qui les avaient jadis gouvernées, ou du moins de leur montrer leur indépendance, de faire devant elles parade de leurs priviléges ; et cet esprit d'imitation devint si puissant, que tout ce qui, à tort ou à raison, jouissait de quelque immunité ou de quelque faveur spéciale, toutes les corporations, tous les couvents, toutes les cours de justice, tous les chapitres, toutes les académies, se mirent à avoir leurs devises, leur cachet et leurs bannières.

Je m'empresse de dire que ces armoiries municipales ne sont, pour la plupart, qu'une œuvre de capricieuse vanité. Si quelques-unes sont authentiquement décrites et reconnues par les chartes royales, le plus grand nombre ont été choisies à plaisir, n'ont aucun droit à la protection des lois et ne rappellent aucun souvenir héroïque ; mais elles ont été conservées par les villes comme symbole de leurs anciennes franchises, ont pris place dans l'histoire par l'usage et la prescription, et présentent à l'antiquaire un intérêt héraldique presque aussi grand que celui qui s'attache aux armoiries des anciennes races nobles. Voilà pourquoi, après avoir fait suivre la CLEF DU BLASON, d'une série d'exemples choisis dans l'armorial de la noblesse, j'ai voulu le compléter par une deuxième série d'écussons empruntés à celui des communes.

Le plan que j'ai adopté pour ce travail n'est pas en rapport avec la division actuelle de la France pour plusieurs raisons. Il me semble que la division en départements est tout à fait malheureuse. Ce partage mathématique, qui a été fait avec une si grande ignorance de la géographie physique, des divisions naturelles, et avec un si profond mépris des différences d'origines, de la diversité de mœurs, des souvenirs de l'histoire, me semble de beaucoup inférieure à l'ancienne division faite par Colbert en trente gouvernements, et qui (en y ajoutant la Lorraine et l'Artois) subsistait encore au moment de la Révolution Française, car ce partage était basé sur des agglomérations naturelles de peuples. D'une autre part, comme il s'agit ici de décrire des usages d'origine féodale, il n'y a aucun inconvénient à adopter les divisions territoriales qui existaient à l'époque féodale elle-même. C'est donc celle dont je me servirai comme étant la seule politique et historique, en la combinant toutefois avec la division officielle et administrative par départements.

Nous obtiendrons ainsi, avec les Etats de nouvelle annexion, trente-six provinces qui sont : l'Ile de France, la Picardie, la Normandie, la Champagne, la Bourgogne, la Bretagne, la Provence, le Dauphiné, le Nivernais, le Berry, le Poitou, l'Aunis, l'Anjou, le Maine, la Touraine, l'Orléanais, la Marche, l'Auvergne, le Bourbonnais, le Lyonnais et Beaujolais, la Navarre et Béarn, la Guyenne, la Gascogne, la Saintonge et l'Angoumois, le Limousin, Foix, le Languedoc, le Roussillon, l'Alsace, la Flandre et Hainaut, la Franche Comté, la Lorraine, l'Artois, le Comtat Venaissin, la Corse, la Savoie et Nice.

ALSACE.

Pays de mœurs germaines et de cœurs français, l'Alsace est une des acquisitions les plus heureuses de la dynastie des Bourbons. Elle fut réunie à la France en 1648. Elle comprend ce qu'on appelait autrefois le Nordgau, et le Sundgau, et forme aujourd'hui deux départements : Le *Bas-Rhin*, chef-lieu Strasbourg ; sous-préfectures : Saverne, Schelestadt, Vissembourg. Le *Haut-Rhin*, chef-lieu Colmar ; sous-préfectures Altkirch, Belfort.

L'ALSACE a pour armes : *De gueules à la bande d'or accompagné de six couronnes de même mises en orle, les cercles de celles du chef apposés aux cercles de celles de la pointe.*

STRASBOURG a pour armes : *D'azur au dais d'or sous lequel se trouve une vierge à l'enfant de même, accompagnée en pointe d'un écu d'argent à la bande de gueules.*

COLMAR a pour armes : *Parti de gueules et de sinople, à la comète d'or, brochant sur le tout.*

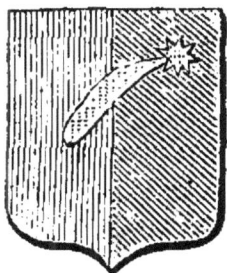

LORRAINE.

La Lorraine est un pays très-riche et parfaitement cultivé. Cette contrée appartenait autrefois à la maison de Lorraine, qui s'est rendue célèbre dans l'histoire. Elle est réunie à la France depuis la mort de Stanislas, roi dépossédé de Pologne, et a été confirmée dans cette dépendance par le traité de Vienne, en 1735. Outre la Lorraine proprement dite, elle comprenait le Barrois et les Trois-Evêchés. On en a formé quatre départements : *Les Vosges :* chef-lieu Epinal ; sous-préfectures : Mirecourt, Remiremont, Neufchâteau, et Saint-Dié. *La Meurthe,* chef-lieu Nancy ; sous-préfectures : Château-Salins, Lunéville, Sarrebourg, et Toul. *La Moselle,* chef-lieu Metz ; sous-préfectures : Briey, Sarreguemines, Thionville. *La Meuse,* chef-lieu, Bar-le-Duc ; sous-préfectures Commercy, Montmedy, et Verdun.

La Lorraine a pour armes : *D'or à la bande de gueules chargée de trois alérions d'argent.*

Epinal a pour armes : *de sable à trois chevrons d'argent, au chef échiqueté de l'un et de l'autre.*

Nancy a pour armes : *D'argent à la branche de chêne de sinople, au chef cousu d'or bandé de gueules, chargé de trois alérions d'argent.*

Metz a pour armes : *Parti d'argent et de sable.*

BAR-LE-DUC a pour armes : *D'azur semé de croix recroisettées d'or, à deux bars de même adossés sur le tout.*

LUNEVILLE a pour armes : *D'or à la bande d'azur chargée de trois croissants d'argent.*

TOUL a pour armes : *De gueules au T majuscule d'or terminé en fleuron.*

VERDUN a pour armes : *D'azur, à trois chevrons d'or.*

FLANDRE.

La Flandre qu'on a surnommée la Ferme-Modèle de la France, tant la valeur de ses productions agricoles s'élève au-dessus du revenu des autres contrées, a été conquise par Louis XIV comme dot de sa femme, après la mort de Philippe IV d'Espagne. Les traités d'Aix-la-Chapelle (1668) et de Nimègue (1678) lui en confirmèrent la propriété. Ce pays comprenait outre la Flandre-Française, le Hainaut et le Cambrésis. Il n'a formé qu'un seul département : *Le Nord,* chef-lieu Lille ; sous-préfectures : Avesne, Cambrai, Douai, Dunkerque, Valenciennes.

La FLANDRE a pour armes : *D'or au lion de sable.*

LILLE a pour armes : *De gueules à la fleur de lis d'argent.*

CAMBRAI a pour armes : *D'or à l'aigle à deux têtes de sable becqué et patté de gueules, portant en abîme un écusson d'or chargé de trois lions passant d'azur.*

DUNKERQUE a pour armes : *Coupé : d'or au lion passant de sable, et d'argent au dauphin d'azur armé de nageoires de gueules.*

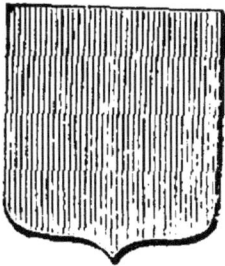

DOUAI a pour armes : *De gueules plein.*

VALENCIENNES a pour armes : *De gueules au lion d'or armé et lampassé d'argent.*

—

ARTOIS.

Pays plat et brumeux, mais d'une plantureuse fécondité, l'Artois, longtemps ballotté entre la France, l'Angleterre et l'Autriche, a fini par devenir français à l'époque du traité des Pyrénées en 1659. Outre l'Artois proprement dit, cette province contenait le Ponthieu, le Boulonnais et le Cambrésis. On en a formé un département : Le *Pas-de-Calais*, chef-lieu, Arras ; sous-préfectures : Béthune, Boulogne, Montreuil, Saint-Omer et Saint-Pol.

L'Artois a pour armes : *Semé de France, au lambel de trois pendants de gueules, chargés chacun de trois châteaux d'or.*

Arras a pour armes : *D'azur à la fasce d'argent chargée de trois rats de sable, et accompagnée en chef d'une mitre d'or et en pointe de deux crosses de même en sautoir.*

Boulogne a pour armes : *De gueules à un cygne d'argent, becqué et membré de sable, au chef d'azur chargé de 3 fleurs de lis d'or.*

Saint-Omer a pour armes : *De gueules à la croix archiépiscopale alaisée d'argent.*

Calais a pour armes : *D'azur, à la fleur de lis couronnée d'or, accompagnée en pointe d'un croissant d'argent.*

PICARDIE.

Contrée uniforme, sans agréments naturels, sans horizons, la Picardie est pourtant un des greniers de la France. C'est un des plus anciens apanages de nos rois, auxquels elle n'a jamais été que temporairement ravie, pour leur être définitivement rendue sous Louis XI. Les petits pays enfermés dans son sein étaient l'Amiénois, le Santerre, le Vimeux, et une partie du Vermandois et du Ponthieu. On en a fait le département de la *Somme*, chef-lieu Amiens; sous-préfectures : Abbeville, Doullens, Mont-Didier et Pé-ronne.

Les armes de Picardie sont : *Écartelé au 1 et 4 de France, au 2 et 3 d'argent à trois lionceaux rampants de sable posés 2 et 1.*

Amiens a pour armes : *De gueules à une vigne d'argent, au chef cousu d'azur semé de fleurs de lis d'or.*

Abbeville a pour armes : *De gueules chargé d'un écusson bandé de six pièces d'or et d'azur, au chef cousu d'azur semé de fleurs de lis d'or.*

Péronne a pour armes : *De gueules à la croix dressée d'or sur une terrasse de même, au chef cousu de France.*

CHAMPAGNE.

La Champagne, si célèbre par ses vins et par les vastes plaines catalauniques, où furent jouées si souvent les destinées du monde, a toujours été regardée, depuis sa réunion à la couronne par le mariage de Jeanne de Champagne, avec Philippe-le-Bel, comme le centre religieux du royaume, à cause de l'église de Reims, où se faisaient sacrer nos rois. Cette vaste province comprenait, outre la Champagne proprement dite, le Remois, le Rhetelois, le Perthois, le Vallage, le Bassigny, le Senonnais, la Brie Champenoise et la principauté de Sédan. On en a fait quatre départements : *Les Ardennes*, chef-lieu, Mézières ; sous-préfectures : Rethel, Rocroi, Sédan, Vouziers. *La Marne*, chef-lieu, Chalons-sur-Marne ; sous-préfectures : Epernai, Reims, Sainte-Menehould, Vitry-le-Français. *L'Aube*, chef-lieu Troyes ; sous-préfectures : Bar-sur-Aube, Bar-sur-Seine, Nogent-sur-Seine. *La Haute-Marne*, chef-lieu Chaumont ; sous-préfectures : Langres et Vassy.

La CHAMPAGNE avait pour armes : *D'azur à la bande d'argent à deux cotices potencés et contre-potencés d'or.*

MÉZIÈRES a pour armes : *De gueules à deux rateaux superposés d'or, accompagnés en pointe d'un* M *majuscule d'argent.*

CHALONS-SUR-MARNE a pour armes : *D'azur à la croix de gueules cantonnée de quatre fleurs de lis d'or.*

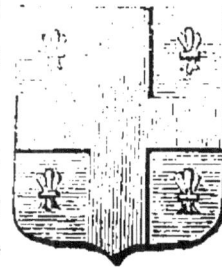

TROYES a pour armes : *D'azur à la bande d'argent à deux cotices potencés et contre-potencés d'or ; au chef d'azur chargé de trois fleurs de lis d'or.*

CHAUMONT a pour armes : *Parti, au 1ᵉʳ de gueules à une demi-escarboucle pommetée et fleurdelisée d'or mouvante de la partition ; au 2ᵉ d'azur à une bande d'argent accompagnée de deux cotices potencés et contre-potencés d'or ; à un chef d'azur, brochant sur le tout chargé de trois fleurs de lis d'or.*

REIMS a pour arme : *D'argent à deux branches d'olivier de sinople remplissant le champ ; au chef semé de France.*

VITRY-LE-FRANÇAIS a pour armes : *D'azur à une salamandre d'or la tête contournée et couronnée de même laquelle est couchée dans des flammes de gueules ; accompagné en chef de deux F F couronnés d'or.*

BAR-SUR-AUBE a pour armes : *D'azur à une bande d'argent accompagnée de deux double cotices d'or potencés et contre-potencés.*

NOGENT-SUR-SEINE a pour armes : *D'azur à une fasce potencée et contre-potencée d'or accompagnée en chef d'un soleil et en pointe de trois fleurs de lis d'or, posées 2 et 1.*

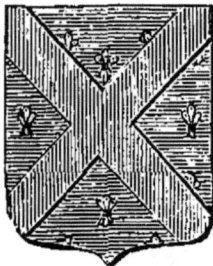

LANGRES a pour armes : *Semé de France, au sautoir de gueules.*

ILE DE FRANCE.

L'Ile de France, berceau de la monarchie française, n'a presque jamais cessé d'appartenir à nos rois depuis Clovis, et le privilége de renfermer la capitale de la France communique à ses habitants toutes les qualités et tous les défauts qui mettent les Français au-dessus des autres peuples.

Elle renferme le Parisis, le Valois, le Vexin, le Mantais, l'Hurepoix, le Gatinais, et la Brie. On en a fait cinq départements qui sont : *La Seine*, chef-lieu Paris ; sous-préfectures : Saint-Denis, Sceaux. *La Seine-et-Oise*, chef-lieu, Versailles ; sous-préfectures : Corbeil, Etampes, Mantes, Pontoise, Rambouillet. *L'Oise*, chef-lieu, Beauvais ; sous-préfectures : Clermont, Compiègne, Senlis. *La Seine et Marne*, chef-lieu, Melun ; sous-préfectures : Coulommiers, Fontainebleau, Meaux, Provins. *L'Aisne*, chef-lieu, Laon ; sous-préfectures : Saint-Quentin, Soissons, Vervins.

L'ILE DE FRANCE avait pour armes : *D'azur, semé de fleur de lis d'or.*

PARIS a pour armes : *De gueules à un navire d'argent flottant sur des ondes de même; au chef cousu d'azur semé de France.*

VERSAILLES a pour armes : *D'azur à trois fleurs de lis d'or au chef d'argent chargé d'un coq à deux têtes naissant au naturel.*

Beauvais a pour armes : *D'azur à un pal au pied fiché d'or.*

Melun a pour armes : *D'azur semé de fleurs de lis d'or, à la tour sommée de 3 tourelles d'argent, couvertes de gueules, hersée de même, et maçonnée de sable.*

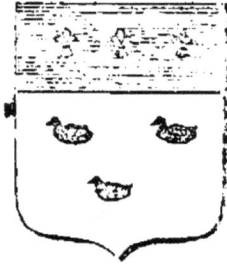

Laon a pour armes : *D'argent à trois cannettes de sable posées 2 et 1 ; au chef d'azur chargé de trois fleurs de lis d'or.*

Etampes a pour armes : *De gueules à une tour crenelée d'or, ouverte et ajourée de sable flanquée de deux tourelles de même et chargée d'un écusson d'azur à trois fleurs de lis d'or posées 2 et 1, brisé en cœur d'un bâton raccourci et péri en bande de gueules, chargé de trois lionceaux d'argent.*

Clermont a pour armes : *De gueules à la tour crénelée d'or maçonnée et couverte de sable, au chef d'azur semé de France.*

Compiègne a pour armes : *D'argent au lion d'azur chargé de fleurs de lis d'or sans nombre.*

Meaux a pour armes : *Parti de gueules et de sinople, chargé d'un grand M d'or, brochant sur le tout ; au chef d'azur semé de France.*

SAINT-QUENTIN a pour armes : *D'azur à un chef de Saint-Quentin d'argent, accompagné de trois fleurs de lis d'or, 2 en chef et 1 en pointe.*

SOISSONS a pour armes : *De gueules à la fleur de lis d'argent.*

—

NORMANDIE.

Longtemps indépendante et gouvernée par ses ducs, qui sont devenus rois d'Angleterre, la Normandie, que Froissard appelle un pays ouvert, gras et plantureux en toutes choses, fut définitivement réunie à la France par Philippe-Auguste, en 1205, et, à partir de cette époque, ne s'en sépara que momentanément. Elle renfermait l'Avranchin, le Cotentin, le pays d'Auge, le Bessin, le pays d'Houlme, le pays d'Ouche, le pays de Bray, le pays de Caux et le Perche. On en a formé cinq départements qui sont : *La Seine-Inférieure,* chef-lieu, Rouen ; sous-préfectures : Dieppe, le Havre, Neufchatel et Yvetot : *L'Eure,* chef-lieu, Evreux ; sous-préfectures : les Andelys, Bernai, Louviers, Pont-au-Demer. *Le Calvados,* chef-lieu, Caen ; sous-préfectures : Bayeux, Falaise, Lisieux, Pont-L'évêque, Vire. *La Manche,* chef-lieu, Saint-Lô ; sous-préfectures : Avranches, Cherbourg, Coutances, Mortain, Valognes. *L'Orne,* chef-lieu Alençon ; sous-préfectures : Argentan, Domfront et Mortagne.

La NORMANDIE avait pour armes : *De gueules à deux léopards d'or.*

ROUEN a pour armes : *De gueules à un agneau pascal d'argent, la tête contournée et diadémée d'or ; au chef cousu d'azur chargé de trois fleur de lis d'or.*

EVREUX a pour armes : *D'azur à trois fleurs de lis d'or, chargé d'une bande componée d'argent et de gueules.*

CAEN a pour armes : *Coupé d'azur et de gueules chargé de trois fleurs de lis d'or, 2 en chef et 1 en pointe.*

SAINT-LÔ a pour armes : *De gueules au cheval gai d'argent; au franc quartier d'azur chargé d'un* N *étoilé d'or.*

ALENÇON a pour armes : *De gueules à l'aigle à deux têtes, éployé d'or.*

DIEPPE a pour armes : *Parti de gueules et d'azur à un vaisseau trois mâts d'argent brochant sur le tout.*

Le HAVRE a pour armes : *De gueules à la salamandre d'or couronnée de même, au chef cousu de France.*

Les ANDELYS a pour armes : *D'azur à trois tours d'or, au chef cousu de gueules, chargé de 3 fleurs de lis d'or.*

LOUVIERS a pour armes : *D'azur au lion d'or à la bordure cousue de gueules chargée de 12 besans d'argent.*

BAYEUX a pour armes : *De gueules au léopard passant d'or, surmonté d'un B et d'un X en chef également d'or.*

LISIEUX a pour armes : *D'azur à la crosse d'or accostée de deux fleurs de lis de même.*

AVRANCHES a pour armes : *D'azur à la tour d'argent en forme de porte de ville accostée de deux fleurs de lis d'or, surmonté d'un dauphin de même en chef et d'une fleur de lis d'or accostée de deux croissants d'argent.*

CHERBOURG a pour armes : *D'azur à la fasce d'argent accompagnée de trois besants d'or, deux en chef et un en pointe.*

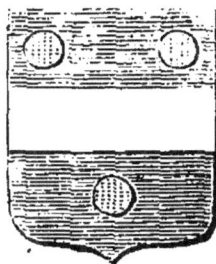

BRETAGNE.

Région solitaire et mélancolique, semée de landes sauvages, de donjons en ruines, où le bruit des vents et des flots est éternel, la Bretagne a vécu de sa vie propre jusqu'à ce que le mariage de Louis XII avec sa dernière souveraine soit venu l'arracher à sa fière indépendance pour en faire une des provinces de la monarchie française. Elle se divisait en haute et basse Bretagne. On en a fait cinq départements : *L'Ille et*

Vilaine, chef-lieu, Rennes; sous-préfectures : Fougères, Montfort, Redon, Saint-Malo, Vitré. *Les Côtes-du-Nord*, chef-lieu, Saint-Brieux; sous-préfectures : Dinan, Guingamp, Lannion, Loudéac. *Le Finistère*, chef-lieu, Quimper; sous-préfectures : Brest, Chauteaulin, Morlais, Quimperlé. *Le Morbihan*, chef-lieu, Vannes; sous-préfectures : Lorient, Ploermel, Pontivi'. *La Loire-Inférieure*, chef-lieu, Nantes; sous-préfectures : Ancenis, Chateaubriant, Painbouf, Savenai.

La BRETAGNE a pour armes : *d'hermine plein.*

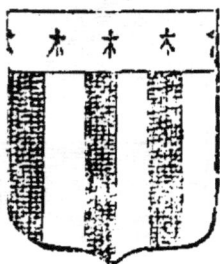

RENNES a pour armes: *D'argent à trois pals de sable, au chef d'hermine.*

QUIMPER a pour armes : *D'azur au cerf d'or ; au chef de France.*

SAINT-BRIEUX a pour armes : *D'azur au griffon d'or.*

VANNES a pour armes : *De gueules à l'hermine passant, accolée d'or.*

NANTES a pour armes : *De gueules au vaisseau d'or flottant sur une mer d'azur, au chef d'hermine.*

SAINT-MALO a pour armes : *De gueules à une herse de parti de ville d'or au chef de gueules portant une hermine d'argent.*

BREST a pour armes : *Parti de France et de Bretagne.*

Morlai a pour armes : *De gueules au vaisseau d'argent sur une mer de sinople, aux voiles d'hermine surmontées d'une bannière d'azur à 3 fleurs de lis d'or.*

Lorient a pour armes : *De gueules au vaisseau d'argent sur une mer de sinople bordée de rochers d'argent éclairés par un soleil d'or; en franc quartier d'hermine : et au chef d'azur semé de besants d'or.*

Chateaubriant a pour armes : *D'azur à trois fleurs de lis d'or posées 2 et 1, brisées en cœur d'un bâton raccourci et péri en bande de même.*

—

BOURBONNAIS.

Le Bourbonnais, pays d'un aspect très-varié, sinon très-riche, devint, en 1272, l'apanage de la famille des Capétiens, par le mariage de Béatrix héritière d'Archambaud IX avec Robert de Clermont, un des fils de saint Louis; il fut plus tard confisqué au profit de la couronne sur le fameux connétable de Bourbon. On le divisait en haut et bas Bourbonnais. Il forme aujourd'hui le département de *l'Allier*, chef-lieu Moulin; sous-préfectures : Gannat, la Palisse et Montluçon.

Le Bourbonnais avait pour armes : *D'azur à trois fleurs de lis d'or.*

Gannat a pour armes : *Ecartelé au 1 et 4 d'argent au chardon montant de sinople fleuri de gueules ; au 2 et 3 d'azur avec un gant d'argent les doigts en bas.*

Moulins a pour armes : *D'argent à trois croix ancrées de sable au chef de France.*

Montluçon a pour armes : *D'azur à un château d'argent composé de 4 tours et un donjon pavillonné de même sur une montagne d'or.*

—

NIVERNAIS.

Cette province est une des plus pittoresques de France. Elle le cède à peine à la Suisse pour la variété des points de vue, et la poésie des sites qu'elle renferme. Après avoir successivement appartenu aux comtes de Flandre, aux ducs de Bourgogne et aux maisons de Clèves et de Gonzague, le Nivernais fut en 1665 acheté par Mazarin, dont la famille le conserva jusqu'à la révolution française. On connaissait autrefois le Nivernais proprement dit, et le Morvan, qui en est la partie montagneuse. Aujourd'hui, il forme le département de *la Nièvre*, chef-lieu, Nevers; sous-préfectures : Chateau-Chinon, Clammecy, Cône.

Le NIVERNAIS avait pour armes : *D'azur à trois fleurs de lis d'or à la bordure componée d'argent et de sable.*

NEVERS a pour armes : *D'azur semé de billettes d'or, au lion d'or brochant sur le tout.*

BERRY.

Pays plat, découvert, médiocrement fertile et peuplé d'habitants sans passions politiques, et ennemis de toute innovation, le Berry que sa situation géographique désigne comme le centre de la France, eut ses princes particuliers et indépendants jusqu'à l'époque des Croisades. Mais depuis Philippe-le-Bel, il n'a cessé de faire partie de la couronne, dont il a été, pendant un moment, sous Charles VII, l'unique apanage certain. On le divisait en Sancerrois, Brenne, Boischaud, et partie de la Sologne. Il forme aujourd'hui deux départements, qui sont : *Le Cher*, chef-lieu, Bourges; sous-préfectures : Saint-Amand, et Sancerre; *l'Indre*, chef-lieu, Châteauroux; sous-préfectures : Issoudun, Leblanc et La-Châtre.

Le Berry avait pour armes : *D'azur à trois fleurs de lis d'or, à la bordure engrêlée de gueules.*

Bourges a pour armes : *D'azur à trois moutons d'argent, à la bordure engrêlée de gueules.*

Chateauroux a pour armes : *D'azur au château flanqué de deux tours d'argent maçonné de sable à la toiture de gueules.*

Issoudun a pour armes : *D'azur au pairle d'or.*

La-Chatre a pour armes : *De gueules à une croix ancrée de vair, et un chef cousu d'azur chargé de trois fleurs de lis d'or.*

—

ORLÉANAIS.

L'Orléanais est un pays généralement plat, mais d'un aspect assez varié, à cause de l'opposition de fertilité et de stérilité, de cultures céréales, vinicoles, forestières, ou herbagères, que présente chacune de ses parties. Son histoire est celle de la Monarchie, car il n'a jamais été distrait de la couronne, que pour servir d'apanage aux fils puinés des rois. L'histoire du fameux siége d'Orléans en 1429 est une preuve éclatante de son dévoûment. Outre l'Orléanais proprement dit, cette province renfermait : le Gatinais, la Beauce, le Vendomois, le Blaisois et partie de la Sologne. On en a fait trois départements : *Le Loiret*, chef-lieu, Orléans ; sous-préfectures : Gien, Montargis, Pithivier ; *L'Eure-et-Loir*, chef-lieu, Chartres ; sous-préfectures : Châteaudun, Dreux, Nogent-le-Rotrou ; *Le Loire-et-Cher*, chef-lieu, Blois ; sous-préfectures : Romorentin, Vendôme.

L'Orléanais avait pour armes : *De France au lambel de trois pendants d'argent.*

Orléans a pour armes : *De gueules à trois cailloux ou lis épanouis d'argent, au chef cousu d'azur chargé de trois fleurs de lis d'or.*

Chartres a pour armes : *De gueules à trois pièces de monnaies de ses anciens comtes marquées de C gothique et de fleurs de lis au chef cousu de France.*

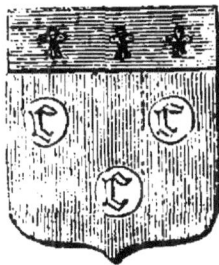

BLOIS a pour armes : *D'or au porc-épic contourné de sable, oreillé de gueules, soutenant un écusson d'azur chargé d'une fleur de lis d'or.*

GIEN a pour armes : *De gueules à trois tours d'argent posées sur un pont de même et sommées, chacun d'une fleur de lis d'or.*

MONTARGIS a pour armes : *D'azur semé de France, à la lettre M couronnée d'or.*

DREUX a pour armes : *Echiqueté d'or et d'azur, à la bordure de gueules.*

VENDOME a pour armes : *Coupé d'argent et de gueules, au lion d'azur brochant sur le tout.*

—

TOURAINE.

La Touraine, surnommée le jardin de la France, est une contrée remarquable par la douceur de son climat, l'aspect riant de ses campagnes, et l'aisance de ses habitants. Après avoir longtemps appartenu aux comtes d'Anjou, elle suivit les destinées des Plantagenets, et fut confisquée par Philippe-Auguste sur Jean-sans-Terre, en 1202. Depuis cette époque, elle n'a cessé de faire partie du domaine royal, et a été le séjour favori de plusieurs rois de la descendance de Charles VII. Partie de la Brenne, les Gatines, et le Veron étaient compris dans son territoire. Elle a formé le département *d'Indre-et-Loire,* chef-lieu, Tours ; sous-préfectures : Chinon et Loches.

La TOURAINE avait pour armes : *De France à la bordure engrêlée, et componée d'or et de gueules.*

Tours a pour armes : *De sable à trois tours d'argent pavillonnées de gueules girouettées de même au chef cousu de France.*

CHINON a pour armes : *De gueules à trois châteaux composés chacun de trois tours d'or pavillonnées et girouettées de même, posées 2 et 1 et accompagnées de trois fleurs de lis aussi d'or posées en pairle.*

—

ANJOU.

L'Anjou, célèbre par ses vins, est un pays fertile et d'un aspect gracieux. Longtemps gouverné par des princes indépendants, qui ont joué un grand rôle dans l'histoire, et fourni la race des rois d'Angleterre de la maison de Plantagenet, ce pays a été réuni à la France, en même temps que la Touraine, par la confiscation

de Philippe-Auguste sur Jean-sans-Terre, en 1204.
Dès ce moment l'Anjou ne cessa plus de faire partie de
la France que pour devenir l'apanage des princes du
sang royal. On y distinguait la Vallée, le Bocage et les
Plaines. Aujourd'hui tout ce pays est réuni dans le
département de *Maine-et-Loire*, chef-lieu, Angers;
sous-préfectures : Beaugé, Beauprau, Saumur et Segré.

L'Anjou avait pour armes : *De France à la bordure
de gueules.*

Angers a pour armes : *De gueules à
la clef d'argent mise en pal, au chef
cousu de gueules chargé de deux fleurs
de lis d'or.*

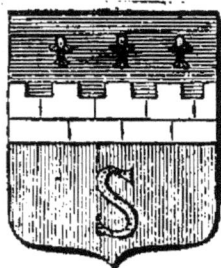

Saumur a pour armes : *Coupé
d'azur et de gueules, à la muraille crenelée en fasce, d'argent maçonnée de
sable, accompagnée en chef de trois fleurs
de lis d'or et en pointe de la lettre S
aussi d'or.*

—

MAINE.

Le Maine, riche en blé et en pâturages, a presque
toujours été soumis aux souverains d'Anjou, jusqu'au

moment où Louis XI le réunit détifinivement à la couronne. On le divisait en Haut-Maine et Bas-Maine. Il forme aujourd'hui deux départements : *La Sarthe*, chef-lieu, le **Mans**; sous-préfectures : la Flèche, Mamers, et Saint-Calais; *La Mayenne*, chef-lieu, Laval; sous-préfectures : Château-Gonthier, Mayenne.

Le **Maine** avait pour armes : *D'argent à deux canons de sable passés en sautoir ; au chef d'azur chargé d'une fleur de lis d'or.*

Le **Mans** a pour armes : *De gueules à la croix d'or chargée en cœur d'une clef d'azur et accompagnée de quatre chandeliers d'argent, mouvants des branches de la croix ; au chef d'azur chargé de trois fleurs de lis d'or.*

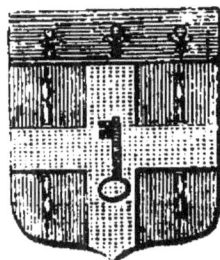

Laval a pour armes : *De gueules au léopard d'or.*

La Flèche a pour armes : *De gueules à une flèche d'argent posée en pal la pointe en haut, accosté de deux tours crénelées aussi d'argent ; au chef d'azur à trois fleurs de lis d'or soutenues d'or.*

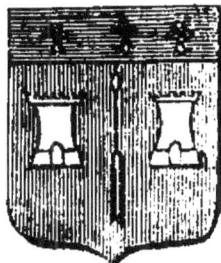

—

AUVERGNE.

Cette province, montagneuse et pauvre, qui présente les sites les plus sauvages et la nature la plus âpre, a joué un grand rôle dans la lutte des Gaulois contre l'invasion romaine. Après avoir été gouverné successivement par plusieurs familles de comtes indépendants, ce pays fut conquis par Philippe-Auguste, et réuni définitivement à la couronne sous Louis XIII. On connaissait autrefois la Haute et la Basse-Auvergne. La division actuelle en a fait deux départements : *Le Puy-de-Dôme*, chef-lieu, Clermont; sous-préfectures : Ambert, Issoire, Riom et Thiers ; *Le Cantal*, chef-lieu, Aurillac; sous-préfectures : Mauriac, Murat et Saint-Flour.

L'AUVERGNE avait pour armes : *D'or au gonfanon de gueules frangé de sinople.*

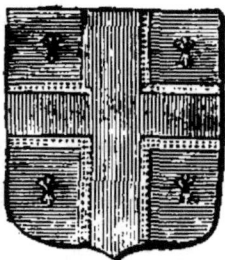

CLERMONT a pour armes : *D'azur à une croix d'or vidée de gueules et cantonnée de quatre fleurs de lis d'or.*

AURILLAC a pour armes : *De gueules à 3 coquilles d'or posées 2 et 1 ; au chef cousu d'azur chargé de trois fleurs de lis d'or.*

ISSOIRE a pour armes : *D'argent à un sautoir de gueules semé de fleurs de lis d'or.*

RIOM a pour armes : *D'azur à deux fleurs de lis d'or, en chef et un R de même en pointe.*

SAINT-FLOUR a pour armes : *Parti d'azur et d'or semé de fleurs de lis de l'un en l'autre ; à la bordure engrêlée de gueules.*

MARCHE.

Contrée humide et peu fertile, mais dont le sol tourmenté présente une grande variété d'aspect, et une grande fraîcheur de perspective, la Marche a presque constamment suivi dans l'histoire les destinées du Limousin. Elle eut cependant au dixième siècle ses comtes particuliers, et passa au douzième dans la maison de Lusignan, qui la céda à Philippe-le-Bel en 1302. On la divisait autrefois en Haute-Marche, Basse-Marche et pays de Combrailles. Elle forme aujourd'hui le département de *la Creuse*, chef-lieu Gueret; sous-préfectures : Aubusson, Bourganeuf et Boussac.

La MARCHE avait pour armes : *D'azur semé de fleurs de lis, d'or à la bande de gueules chargée de trois lionceaux d'argent.*

GUERET a pour armes : *D'azur à la terrasse de sinople, d'où naissent trois pins d'or : au cerf de même brochant sur le tout.*

BOURGANEUF a pour armes : *De sable à trois chevrons ondés d'argent.*

—

LIMOUSIN.

Terre granitique, tourmentée, humide, très-boisée,
mais coupée de vallées très-fertiles, et presque partout
d'admirables points de vues, le Limousin, habité par
un peuple pauvre, fier, longtemps méprisé et regardé
encore comme une contrée sauvage au temps de
Louis XIV, a eu à subir toutes les conséquences de la
position frontière entre les possessions anglaises d'Aquitaine et les provinces soumises à la couronne. Il n'a
définitivement été réuni au domaine royal que sous
Henri IV. On le divisait en haut et bas Limousin. Il
forme aujourd'hui deux départements. *La Haute-Vienne,*
chef-lieu, Limoges ; sous-préfectures : Belloc, Rochechouart, Saint-Yrieix. *La Corrèze,* chef-lieu, Tulle ;
sous-préfectures : Brives, Ussel.

Le LIMOUSIN avait pour armes : *D'argent parti de
gueules, chappé de l'un en l'autre.*

LIMOGES a pour armes : *De gueules, à un buste de Saint-Martial de carnation vêtu et diadémé d'or, accosté des lettres S et M également d'or ; au chef cousu d'azur chargé de trois fleurs de lis d'or.*

TULLE a pour armes : *De gueules à trois pairles d'or posées 2 et 1.*

BELLAC a pour armes : *D'argent, au château de sable couvert d'un toit en dos d'âne, flanqué de deux tours et donjonné d'une autre tour pavillonnée et girouettée de même, le tout sur une rivière d'azur, et un chef d'azur chargé de trois fleurs de lis d'or.*

BRIVES a pour armes : *D'azur à neuf épis de blé d'or disposés en trois fleurs de lis et posés 2 et 1.*

—

POITOU.

Le Poitou, que sa position géographique a rendu le théâtre de toutes les guerres entre les populations du midi et celles du nord, depuis les Visigots jusqu'aux guerres de religion, est un pays médiocrement fer-

fertile, habité par une race remarquable par sa haute stature et ses sentiments généreux. Cette province a eu longtemps pour comtes les ducs d'Aquitaine, elle a été réunie à la France par la sagesse de Charles V et l'épée de Du Guesclin. Le pays était autrefois divisé en Gatine-Vendée, Bocage et Marais. Il forme aujourd'hui trois départements : *La Vienne*, chef-lieu, Poitiers ; sous-préfectures : Chatellerault, Civrai, Loudun, Mont-Morillon. *Les Deux-Sèvres*, chef-lieu, Niort ; sous-préfectures : Bressuire, Melle et Parthenai ; *La Vendée*, chef-lieu, Napoléon-Vendée ; sous-préfectures : Fontenai, les sables d'Olonne.

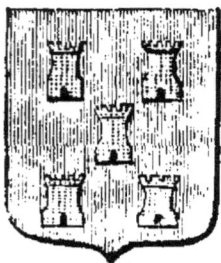

Le Poitou avait pour armes : *De gueules à cinq tours d'or posées en sautoir.*

Poitiers a pour armes : *D'argent au lion de gueules ; à la bordure de sable chargée de besants d'or, au chef cousu de France.*

Niort a pour armes : *Semé de France à la tour donjonnée d'argent, maçonnée de sable, et ouverte de gueules.*

Napoléon-Vendée a pour armes : *D'azur à la place forte d'argent, accompagnée en chef d'une foi jurée de même, au franc quartier d'azur, chargé d'une N étoilée d'or.*

CHATELLLERAULT a pour armes : *De France à la bande d'argent brisée en chef d'un quartier d'or au dauphin d'azur.*

FONTENAI a pour armes : *D'azur à la fontaine jaillissante d'argent.*

—

ANGOUMOIS.

L'Angoumois, pays essentiellement adonné à la culture de la vigne, conquis par Charles V, sur les rois d'Angleterre, devint l'apanage d'une branche des Valois, et fut définitivement réuni à la couronne par François Ier, qui en était héritier, quand il fut appelé au trône. Cette petite province a formé le département de *la Charente,* chef-lieu, Angoulême ; sous-préfectures : Barbezieux, Cognac, Confolens, Ruffec.

L'ANGOUMOIS avait pour armes : *D'azur à trois fleurs de lis d'or, au bâton de même péri en bande.*

ANGOULÊME a pour armes : *D'azur, à deux tours d'argent maçonnées de sable jointes par un mur de même ajouré d'une porte de sable, accompagné en chef d'une fleur de lis d'or couronnée à la royale de même.*

SAINTONGE ET AUNIS.

Le sol de ce petit pays est généralement bas et plat, ce qui ne l'empêche pas de produire de grandes quantités de vin, et lui donne au contraire une physionomie verdoyante que vivifie le voisinage de la mer. Les destinées politiques de la Saintonge ont toujours été celles de l'Angoumois. On a formé de sa contenance le département de *la Charente-Inférieure*, chef-lieu, la Rochelle ; sous-préfectures : Rochefort, Saintes, Saint-Jean d'Angély.

La Saintonge a pour armes : *D'azur à la mitre d'argent, accompagnée de trois fleurs de lis d'or posées 2 et 1.*

La Rochelle avait pour armes : *De gueules au navire d'argent sur une mer de sinople.*

Rochefort a pour armes : *D'azur au rocher d'or mouvant de la pointe de l'écu, et terminé en chef par une fleur de lis de même.*

Saintes a pour armes : *De gueules au pont d'argent chargé de quatre tours de même, sur une rivière aussi d'argent ; au chef cousu d'azur chargé de trois fleurs de lis d'or.*

GUYENNE.

La Guyenne, noyau du grand Etat d'Aquitaine, qui pour maintenir son indépendance, après avoir soutenu une lutte héroïque contre les Francs de Clovis et de Charlemagne, emprunta dans le moyen âge un drapeau étranger, celui de l'Angleterre, et ne fut définitivement réunie à la couronne que sous Charles VII en 1453, est une contrée riche par sa position géographique, par la fertilité de ses vignobles, et par l'activité de ses habitants. A voir les villes du Quercy, du Rouergue, du Périgord perchées sur des hauteurs, ou assises sur des cours d'eau dans des sites pittoresques, avec leurs vieilles murailles, leurs vieux châteaux, leurs coutumes à part, leur langage incompris du reste de la France, on devine par combien de sang et de larmes l'unité française a dû être achetée. La Guyenne renfermait autrefois le Rouergue, le Quercy, le Périgord, le Bordelais, le Médoc, le Bazadois, et l'Agenois. Elle forme aujourd'hui six départements : *La Gironde*, chef-lieu, Bordeaux ; sous-préfectures : Bazas, Blaye, Lespare, Libourne, la Réole ; *La Dordogne*, chef-lieu, Périgueux ; sous-préfectures : Bergerac, Nontron, Riberac, Sarlat ; *Le Lot*, chef-lieu Cahors ; sous-préfectures : Figeac, Gourdon ; *L'Aveyron*, chef-lieu, Rodez ; sous-préfectures : Espalion, Milhau, Sainte-Affrique, Villefranche ; *Le Tarn-et-Garonne*, chef-lieu, Montauban ; sous-préfectures : Castelsarraziu, Moissac ; *Le Lot-et-Garonne*, chef-lieu, Agen ; sous-préfectures : Marmande, Nérac, Villeneuve-d'Agen.

La Guyenne avait pour armes : *De gueules au léopard d'or armé et lampassé d'azur.*

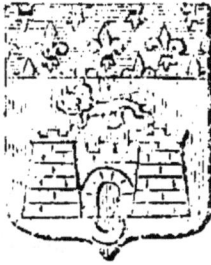

Bordeaux a pour armes : *De gueules à deux tours d'argent maçonnées de sable, réunies par une muraille de même ouverte également de sable accompagnée en chef d'un léopard d'or passant ; et en pointe d'un croissant d'argent ; au chef semé de France.*

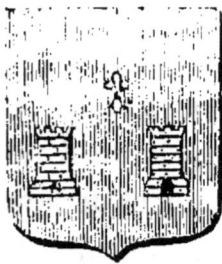

Périgueux a pour armes : *De gueules à deux tours d'argent séparées par une fleur de lis d'or.*

Cahors a pour armes : *De gueules à un pont surmonté de cinq tours d'argent pavillonnées de même, accompagné en chef de cinq fleurs de lis d'or.*

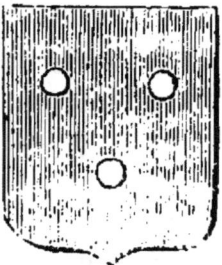

Rodez a pour armes : *De gueules à trois besans d'argent posés 2 et 1.*

Montauban a pour armes : *De gueules au saule arraché d'or, au chef cousu d'azur, chargé de trois fleurs de lis d'or.*

Bergerac a pour armes : *Parti d'azur, semé de fleurs de lis d'or, et d'azur à un dragon volant d'or lampassé de gueules et posé en pal.*

AGEN a pour armes : *De gueules à la tour d'or couverte de trois pavillons girouettés de même, et addextrée d'un aigle d'argent tenant dans ses serres une banderolle de même avec le mot* AGEN, *de sable.*

SARLAT a pour armes : *De gueules à une salamandre d'or couronnée de même; au chef cousu de France.*

MARMANDE a pour armes : *De gueules à trois tours crénelées d'argent maçonnées de sable, confrontées en cœur par leurs pieds entre lesquels est posée une croix potencée aussi d'argent, cantonnée de quatre croisettes de même au chef cousu de France.*

BRANTOME a pour armes : *D'azur à une fasce d'argent chargée de trois lions de sable et accompagnée en pointe de trois fleurs de lis d'or posées 2 et 1.*

—

GASCOGNE.

Assise au pied des Pyrénées, dont les gradins descendent en amphithéâtre sur des vallées peu fertiles en céréales, mais qui offrent de beaux pâturages et de riches vignobles, la Gascogne est habitée par un peuple remarquable par son esprit, son audace et l'originalité de son caractère. Ce pays eut ses chefs indépendants jusqu'au XIe siècle, époque à laquelle le duché de Gascogne passa à Guillaume comte de Poitiers et duc d'Aquitaine. Depuis cette époque, le sort de la Guyenne fut celui de la Gascogne, jusqu'à la bataille de Castillon, en 1453, qui donna cette province à Charles VII. La Gascogne renfermait le Comminges, le Nebouzan, le Conserans, le Bigorre, l'Armagnac, la Lomagne, le Condomois, la Chalosse, le pays des Landes, le Tursan, la Soule et le Labourd. Elle forme aujourd'hui trois départements : *Le Gers,* chef-lieu, Auch ; sous-préfectures : Condom, Lectoure, Lombez et Mirande ; *Les Landes,* chef-lieu, Mont-de-Marsan ; sous-préfectures : Dax, et Saint-Sever ; *Les Hautes Pyrénées,* chef-lieu, Tarbes ; sous-préfectures : Argelès et Bagnères.

La GASCOGNE avait pour armes, comme la Guyenne, *de gueules au léopard d'or armé et lampassé d'azur.*

AUCH a pour armes : *Parti de gueules à l'agneau pascal d'argent ; et d'argent au lion de gueules en pal.*

MONT DE MARSAN a pour armes : *D'azur, à deux clefs d'argent en pal.*

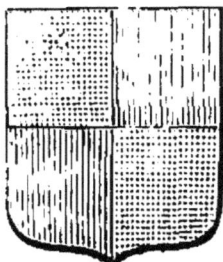

TARBES a pour armes : *Ecartelé : au 1 et 4 d'or plein, au 2 et 3 de gueules plein.*

DAX a pour armes : *D'azur à une tour crénelée d'argent et maçonnée de* sable, donjonnée de même, surmontée d'une fleur de lis d'or et posée à dextre sur une terrasse d'argent, et un lion d'or rampant contre la tour à sénestre.

SAINT-SEVER a pour armes : *Parti d'azur et de gueules ; le premier a une fleur de lis d'or en chef et une demi-fleur de lis de même en pointe, mouvant de la partition, et le second a deux demi-mouchetures d'hermine en argent posées en pal et mouvantes de la partition, qui sont senestrées de trois autres mouchetures d'hermine de même posées pareillement en pal.*

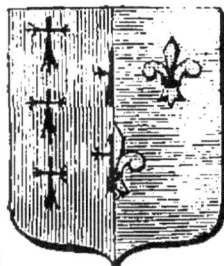

ARGELÈS a pour armes : *D'argent à trois fleurs de lis d'azur surmontées d'un arbre arraché de sinople feuillé d'or ; et en pointe un tertre de sinople.*

LECTOURE a pour armes : *D'azur à 2 moutons d'argent passant l'un sur l'autre.*

—

BÉARN.

Ce petit pays dans lequel il faut comprendre la basse Navarre, ou Navarre française, est découpé dans les contre-forts des Pyrénées. Il a été gouverné par ses comtes particuliers jusqu'à ce qu'il passât dans la maison de Foix, par le mariage de la dernière héritière avec Roger Bernard, comte de Foix. Devenu apanage de la maison d'Albret, le Béarn fut réuni à la France sous Henri IV, qui l'apporta à la couronne. Il forme aujourd'hui le département des *Basses-Pyrénées*, chef-lieu, Pau ; sous-préfectures : Bayonne, Mauléon, Oléron, Orthèz.

Le BÉARN avait pour armes : *D'or à deux vaches de gueules, accolées, accornées et clarinées d'azur posées l'une sur l'autre.*

PAU a pour armes : *D'azur, à trois pals au pied fiché d'or réunis par une traverse, entre lesquels se trouvent deux taureaux effarés de gueules ; sur le pal du milieu est posé en chef un paon, rouant de sinople.*

BAYONNE a pour armes : *De sable au poignard d'argent emmanché d'or en pal.*

FOIX.

Le comté de Foix, situé au milieu des escarpements les plus abrupts des Pyrénées, est un pays assez peu fertile, mais extrêmement pittoresque. Ses destinées ont presque toujours été les mêmes que celles du Languedoc. Il a été un des foyers les plus ardents de la résistance des hommes du midi contre les peuples du Nord, et n'est devenu français qu'à l'époque de l'avènement de Henri IV au trône. On en a formé le département de *L'Arriége* : chef-lieu, Foix ; sous-préfectures : Pamiers et Saint-Girons.

Le COMTÉ DE FOIX avait pour armes : *D'or, à trois pals de gueules.*

FOIX a pour armes également : *D'or à trois pals de gueules.*

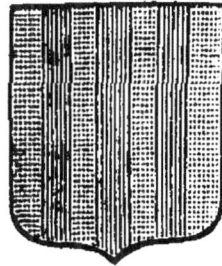

PAMIERS a pour armes : *Ecartelé au 1er de gueules à un lion d'argent ; au 2e de sable à une fleur de lis d'argent ; au 3e d'or à trois fasces de gueules ; au 4e de gueules à un aigle éployé d'argent couronné de même ; et autour du tout une bordure de gueules.*

—

LANGUEDOC.

Le Languedoc, qui a été longtemps le centre de l'opposition des Provinces du midi à la domination de Paris et à l'unité française, est une province fertile, peuplée et commerçante, où la douceur du climat et la richesse du sol s'unissent pour rendre la vie facile et gaie. Au démembrement de l'empire de Charlemagne, ce pays forma le duché de Narbonne et le comté de Toulouse. Il vécut presque indépendant jusqu'à l'époque de la guerre des Albigeois, après laquelle le traité de Paris et le mariage de Jeanne avec le comte de Poitiers frère du roi Louis IX amenèrent cette belle province dans le domaine de la couronne, en 1271. On reconnaissait autrefois au Languedoc plusieurs subdivisions, le Toulousain, l'Albigeois, le Mirepoix, le Vivarais, le Velay et le Gevaudan. Il est aujourd'hui divisé en huit département : *La Haute-Garonne :* chef-lieu, Toulouse ; sous-préfectures : Muret, Saint-Gaudens, Villefranche ; *L'Aude :* chef-lieu, Carcassonne ; sous-préfectures : Castelnaudary, Limoux, Narbonne ; *L'Hérault :* chef-lieu, Montpellier ; sous-préfectures : Béziers, Lodève, Saint-Pons ; *Le Gard,* chef-lieu, Nimes ; sous-préfectures : Alais, Uzès, le Vigan ; *Le Tarn,* chef-lieu, Alby ; sous-préfectures : Castres, Gaillac, Lavaur ; *La Lozère,* chef-lieu, Mende ; sous-préfectures : Marvejols, Florac ; *La Haute-Loire,* chef-lieu, le Puy ; sous-préfectures : Brioude, Issengeaux ; *L'Ardéche,* chef-lieu, Privas ; sous-préfectures : Largentière, Tournon.

Le LANGUEDOC avait pour armes : *De gueules à la croix élechée, vidée, et pommetée d'or.*

Toulouse a pour armes : *De gueules à la croix élechée, vidée et pommetée d'or, accostée de deux tours crénelées d'argent, maçonnées de sable et accompagnées en pointe d'un agneau pascal aussi d'argent; au chef cousu de gueules semé de France.*

Carcassonne a pour armes : *D'azur semé de France à l'écusson de gueules, chargé d'un agneau pascal d'argent.*

Montpellier a pour armes : *D'azur à la Vierge à l'enfant d'or dans une châsse gothique de même, accostée des lettres A M gothiques, aussi d'or.*

Nimes a pour armes : *De gueules au palmier de sinople, au pied duquel est attachée par une chaîne d'or une tarasque également de sinople.*

Alby a pour armes : *De gueules à la tour d'argent crénelée, maçonnée et ouverte de sable, soutenant un lion d'or chargé d'une croix de même mouvant du sommet de la tour; addextrée d'un soleil d'or et senestrée d'un croissant d'argent.*

Mende a pour armes : *D'azur, à l'ombre de soleil d'or accompagné en pointe d'un M gothique aussi d'or.*

Le Puy a pour armes : *D'azur semé de fleurs de lis d'or, à l'aigle éployé d'argent brochant sur le tout.*

PRIVAS a pour armes : *D'argent à l'oranger de sinople chargé de fruits d'or, sur une terrasse également de sinople ; au chef cousu d'azur chargé de trois étoiles d'or.*

MURET a pour armes : *Ecartelé au 1 et 4 d'argent à trois pans de mur en fasce crenelés d'azur ; au 2 et 3 de gueules à quatre amandes nues posées en sautoir, d'argent ; le tout surmonté d'un chef d'azur chargé de trois fleurs de lis d'or.*

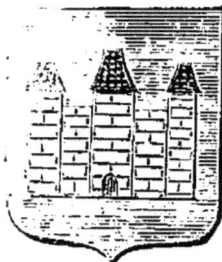

CASTELNAUDARY a pour armes : *D'azur à une tour d'argent, donjonnée de trois pièces de même, maçonnée de sable.*

NARBONNE a pour armes : *De gueules à une clef d'or posée en pal, senestrée d'une croix archiépiscopale d'argent ; au chef cousu de France.*

BÉZIERS a pour armes : *D'argent à trois fasces de gueules au chef de France.*

CASTRES a pour armes : *Emmanché d'argent et de gueules de sept pièces semé de chausses-trapes.*

BRIOUDE a pour armes : *D'or à deux clefs adossées de sable, accompagnées en chef d'une fleurs de lis de même.*

Uzès a pour armes : *Fascé d'argent et de gueules de six pièces au chef de France*.

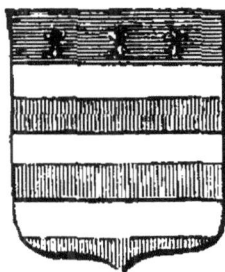

—

LYONNAIS.

Le Lyonnais, pays de transition entre le Nord et le Midi de la France, n'a aucun caractère particulier ; il n'a ni les grands arbres ni les collines verdoyantes du Nord, ni le ciel et la végétation du Midi. Son histoire présente un faible intérêt et n'a eu aucune influence sur les destinées générales de la France. Il était gouverné par l'archevêque et le chapitre des chanoines, lorsque Philippe-le-Bel, sur la fin de son règne, l'incorpora au royaume. Cette province comprenait le Beaujolais, le Forez et le Lyonnais proprement dit. Elle a formé deux départements : *Le Rhône*, chef-lieu, Lyon ; sous-préfectures : Villefranche ; *La Loire*, chef-lieu, Montbrison ; sous-préfectures : Saint-Etienne et Roanne.

Lyon a pour armes : *De gueules à un lion d'argent, au chef cousu de France*.

MONTBRISON a pour armes : *D'azur à une tour au bout d'un pan de muraille d'argent maçonnée et ajourée de sable, au chef de France.*

BOURGOGNE.

Pays riche, agréable et fertile en vins renommés, la Bourgogne, province essentiellement française, a constamment été occupée, depuis Charlemagne, par des princes issus du sang royal, qui y fondèrent des dynasties et y régnèrent en souverains jusqu'au moment où s'écroula la puissance gigantesque de Charles-le-Téméraire. Alors, elle revint à la couronne en 1479, et ne s'en écarta plus. On la subdivisait en Dijonnais, Autunois, Chalonnais, Auxois, Charollais, Maçonnais, Auxerrois, Bresse et Bugey. Elle forme aujourd'hui quatre départements : *La Côte-D'or*, chef-lieu, Dijon ; sous-préfectures : Beaune, Châtillon-sur-Seine, Semur ; *L'Yonne :* chef-lieu, Auxerre; sous-préfectures : Avallon, Joigny, Sens, Tonnerre ; *La Saône-et-Loire*, chef-lieu, Macon, sous-préfectures : Autun, Châlons-sur-Saône, Charolles, Louhans ; *L'Ain :* chef-lieu, Bourg ; sous-préfectures : Bellay, Gex, Nantua, Trévoux.

La Bourgogne avait pour armes : *Écartelé, au 1 et 4 d'azur à 3 fleurs de lis d'or, à la bordure componée d'argent et de gueules qui est Bourgogne moderne ; au 2 et 3 bandé d'or et d'azur de six pièces à la bordure de gueules qui est Bourgogne ancien.*

Dijon a pour armes : *Coupé ; le chef parti de Bourgogne moderne et Bourgogne ancien ; la pointe de gueules pure.*

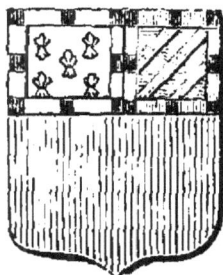

Auxerre a pour armes : *De gueules semé de billettes d'or, au lion de même brochant sur le tout.*

Macon a pour armes : *De gueules à trois besans d'argent posés 2 et 1.*

Bourg a pour armes : *Parti de sinople et de sable à la croix treflée d'argent brochant sur le tout.*

Beaune a pour armes : *D'azur à la vierge à l'enfant d'argent.*

Sens a pour armes : *D'azur semé de France, à la tour crénelée d'argent, ajourée de sable.*

Autun a pour armes : *Coupé au chef d'azur bandé de trois pièces d'or, à la bordure de gueules ; à la pointe d'or au lion de gueules en pal.*

Chalons-sur-Saône a pour armes : *D'azur à trois besans d'or posés 2 et 1.*

Belley a pour armes : *D'argent à un château de sable couvert d'un toit en dos d'âne, flanqué de deux tours donjonnées, pavillonnées et girouettées de même sur une rivière d'azur ; au chef de France.*

—

FRANCHE-COMTÉ.

La Franche-Comté, autrefois comté de Bourgogne, est un pays fort accidenté, dont le sol présente les plissements d'une mer agitée. La terre y est médiocrement fertile, et cependant très-peuplée. Le sort de cette province a presque constamment été lié à celui de la Bourgogne, jusqu'à Charles-le-Téméraire, époque où elle passa à la maison d'Autriche, pendant que la Bourgogne était réunie à la France. Mais après plusieurs invasions successives, Louis XIV en fit définitivement la conquête, et le traité de Nimègue l'incorpora à la France, en 1674. La Franche-Comté forme aujourd'hui trois départements : *Le Doubs :* chef-lieu, Besançon ; sous-préfectures : Baume-les-Dames, Montbeliard, Pontarlier ; *La Haute-Saône :* chef-lieu, Vesoul ; sous-préfectures : Gray, Lure ; *Le Jura :* chef-lieu, Lons-le-Saulnier ; sous-préfectures : Dôle, Poligny, Saint-Claude.

La FRANCHE-COMTÉ avait les mêmes armes que la Bourgogne ancienne : *Bandé d'or et d'azur de six pièces à la bordure de gueules.*

BESANÇON a pour armes : *D'or à l'aigle à deux têtes de sable éployé et tenant dans ses griffes deux canons de même.*

VESOUL a pour armes : *De gueules au croissant d'argent au chef d'azur semé de billettes d'or et chargé d'une tête de lion arrachée de même.*

LONS-LE-SAULNIER a pour armes : *Ecartelé, au 1er d'or à un N majuscule de sable, surmonté d'une étoile de même ; au 2e d'azur à la bande d'or ; au 3e de gueules au cornet à bouquins d'argent ; 4e d'or plein.*

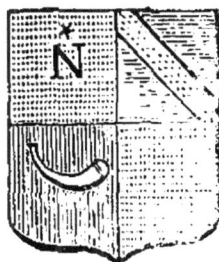

LURE a pour armes : *De gueules à trois tours d'argent maçonnées de sable, cuvertes de gueules sur une terre d'argent, et accompagnées en chef de trois fleurs de lis aussi d'argent.*

—

DAUPHINÉ.

Le Dauphiné, pays de montagnes et de pâturages, où l'agriculture est pratiquée avec intelligence, labeur et opiniâtreté, est une contrée éminemment française par le cœur et par l'esprit. Après le démembrement de l'empire de Charlemagne, le territoire qui compose cette province fut occupé et successivement gouverné par trois races de princes indépendants, qui portaient le nom de Dauphins de Viennois. En 1349, le dernier d'entre eux, Humbert II, n'ayant pas d'héritiers, vendit son Etat à Philippe IV : depuis lors le Dauphiné n'a plus été séparé de la couronne, et il passa en coutume d'en attribuer le gouvernement aux fils aînés des rois de France. On séparait autrefois cette province en Grésivaudan, Vivarais, Viennois, Valentinois, etc. Elle forme aussi trois départements : *L'Isère*, chef-lieu, Grenoble ; sous-préfectures : Saint-Marcelin, la Tour du Pin, Vienne ; *La Drôme*, chef-lieu, Valence ; sous-préfectures : Dié, Montelimart, Nyon ; *Les Hautes-Alpes*, chef-lieu, Gap ; sous-préfectures : Briançon. Embrun.

Le DAUPHINÉ avait pour armes : *D'or, au dauphin pâmé d'azur.*

GRENOBLE a pour armes : *D'or à trois roses de gueules, posées 2 et 1.*

VALENCE a pour armes : *De gueules à la croix d'argent chargée en cœur d'une tour crénelée d'azur.*

GAP a pour armes : *D'azur, à une tour crénelée d'or, maçonnée de sable.*

VIENNE a pour armes : *D'or à l'arbre de sinople dans les feuilles duquel se voient un ciboire d'or surmonté d'une hostie d'argent, et au-dessous une banderolle avec ces mots en légende :* VIENNA CIVITAS SANCTA.

—

COMTAT VENAISSIN.

Le comtat Venaissin, auquel il faut joindre le comté d'Avignon, et la principauté d'Orange, formaient trois petits Etats étrangers, enclavés dans les provinces françaises. Les deux premiers appartenaient au pape, l'autre fut successivement l'apanage des quatre familles différentes, et appartenait à la maison de Nassau, lorsqu'en 1713 Louis XV s'en empara. Ce n'est qu'en 1791, que le comtat Venaissin et Avignon furent confisquées, et unis à la France par l'Assemblée nationale. On en a formé le département de *Vaucluse*, chef-lieu, Avignon ; sous-préfectures : Apt, Carpentras, Orange.

Le COMTAT VENAISSIN avait pour armes celles des Etats pontificaux.

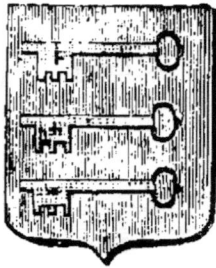

Avignon a pour armes : *De gueules à trois clefs d'or posées en fasce*.

Carpentras a pour armes : *Ecartelé de gueules à deux pals d'or*.

Orange a pour armes : *D'or, au cor d'azur lié de gueules*.

—

SAVOIE ET NICE.

La Savoie, pays de montagnes, pauvre et peu fertile, mais importante comme position politique, était encore gouvernée par ses ducs héréditaires devenus rois de Piémont, lorsqu'à la suite du traité de Villafranca, en 1859, elle fut cédée à la France par le roi Emmanuel. Le Comté de Nice a été compris dans le même arrangement. On en a fait trois départements : *La Savoie*, chef-lieu, Chambéry ; sous-préfectures : Albertville, Moutiers, Saint-Jean-de-Maurienne ; *La Haute-Savoie*, chef-lieu, Annecy ; sous-préfectures : Bonneville, Saint-Julien, Thonon ; *Les Alpes-Maritimes*, chef-lieu, Nice ; sous-préfectures : Grasse et Théniers.

La Savoie avait pour armes : *De gueules à la croix d'argent*.

CHAMBERY a pour armes : *D'azur à la croix d'argent cantonnée au chef dextre d'une étoile de même.*

GRASSE a pour armes : *D'azur à un agneau pascal d'argent accompagné de trois fleurs de lis d'or, deux en chef et une en pointe.*

ANTIBES a pour armes : *D'azur à une croix d'argent cantonnée de quatre fleurs de lis d'or, et un lambel de gueules mouvant du chef et brochant sur le montant de la croix.*

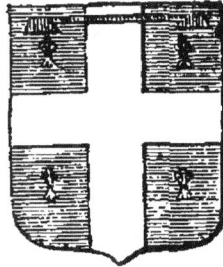

PROVENCE.

La Provence est un des plus renommés et des plus beaux pays de l'Europe. Sa position si remarquable au bord de la Méditerranée, la pureté de son ciel, la douceur de son climat, la richesse de ses productions en font une des plus importantes provinces de la France. Son histoire est assez tourmentée. Elle fut érigée en royaume à l'époque du démembrement de l'empire de Charlemagne. Gouvernée quelque temps par des chefs indigènes, elle passa ensuite à la maison d'Espagne, puis à celle d'Anjou. Enfin, en 1480, elle fut annexée

à la couronne par Louis XI, et ne se sépara plus des
destinées de la France. On la divisait en Basse et Haute
Provence. Elle forme maintenant trois départements :
Les Basses-Alpes, chef-lieu, Digne; sous-préfectures :
Barcelonnette, Castellane, Forcalquier, Sistéron ; *Le
Var :* chef-lieu, Draguignan ; sous-préfectures : Bri-
gnolles, Toulon ; *Les Bouches du Rhône :* chef-lieu,
Marseille; sous-préfectures : Aix et Arles.

LA PROVENCE a pour armes : *D'azur à la fleur de lis
d'or, surmontée d'un lambel de gueules.*

DIGNE a pour armes : *D'azur à la
fleur de lis d'or entre deux L affrontés
d'or, accompagnée en chef d'une croix de
gueules et en pointe d'un* D *majuscule d'or.*

DRAGUIGNAN a pour armes : *De gueules, à un dragon ailé d'argent.*

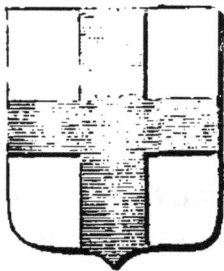

MARSEILLE a pour armes : *D'argent
à la croix d'azur.*

BRIGNOLLES a pour armes : *Ecartelé :
au 1er d'azur à une fleur de lis d'or
surmonté d'un lambel de gueules ; au 2e
et 3e d'azur à un* B *d'or; au 4e d'or à
quatre pals de gueules.*

TOULON a pour armes : *D'azur à la croix d'or.*

AIX a pour armes : *D'or à cinq pals de gueules, au
chef tiercé en pal, au 1er d'argent à une croix potencée
d'or, cantonnée de quatre croisettes de même ; au 2e d'azur
semé de fleurs de lis d'or brisé en chef d'un lambel de*

trois pendants de gueules ; au 3e d'azur semé de fleurs de lis d'or et bordéᵉde gueules.

ARLES a pour armes : *D'azur, au lion au repos d'or.*

—

ROUSSILLON.

Le Roussillon, petite province intermédiaire entre la France et l'Espagne, se trouve enclavé dans les Montagnes qui terminent à l'Est la chaîne des Pyrénées. Il est célèbre par ses vins, et la laborieuse sobriété de ses habitants. Gouverné, depuis la mort de Charlemagne jusqu'au XIIIᵉ siècle, par des comtes indépendants, il devint, à partir de ce moment, un sujet de fréquentes contestations entre la France et l'Espagne, et ne fut définitivement annexé à la couronne que par le traité des Pyrénées en 1659. On le divisait autrefois en Cerdagne, Fenouillet, Capsir et Conflans. Il forme aujourd'hui le département des *Pyrénées-Orientales,* chef-lieu, Perpignan ; sous-préfectures : Céret et Prades.

Le ROUSSILLON avait pour armes : *Echiqueté d'or et d'azur à la bordure d'or.*

PERPIGNAN a pour armes : *De gueules à trois pals d'or, chargé d'un saint Jean-Baptiste de carnation sur une terrasse de sinople.*

CÉRET a pour armes : *D'azur à deux clefs d'argent passées en sautoir surmon-*

tées de trois fleurs de lis d'or posées 2 et 1 ; avec ces lettres au-dessus des clefs C E Æ.

COLLIOURE a pour armes : *D'azur semé de France à un buste d'argent tenant de la main droite une épée, et de la gauche une palme de même.*

—

ILE DE CORSE.

La Corse, située dans la Méditerranée, à quarante lieues seulement des côtes de France, est une contrée pittoresque mais pauvre, et plus importante par sa situation que par ses produits. Depuis le XIVe siècle, la Corse appartenait à la république de Gênes et avait suivi ses vicissitudes historiques, lorsqu'elle fut achetée par Louis XV, en 1768. Elle a formé le département de la Corse, chef-lieu, Ajaccio ; sous-préfectures : Calvi, Corti, et Sartène.

Les armes de la CORSE étaient : *Parti de gueules et de sinople, à la bande d'argent sur le tout.*

CALVI a pour armes : *Echiqueté de sable et d'argent.*

FIN.

TABLE.

LA CLEF DU BLASON.

TROISIÈME PARTIE.

QUATRIÈME PARTIE.

LE LIVRE D'ARMES

DES FAMILLES ILLUSTRES DE FRANCE.

TABLE 319

ARMOIRIES

DES PRINCIPALES VILLES DE FRANCE.

Tournal, typ. Casterman.

www.ingramcontent.com/pod-product-compliance
Lightning Source LLC
Chambersburg PA
CBHW071345280326
41927CB00039B/1753